Registros Akáshicos

Liberando el secreto conocimiento universal y la naturaleza del Akasha, con la oración, la meditación guiada y la lectura del tarot Akáshico

© Copyright 2020

Todos los derechos reservados. Ninguna parte de este libro puede ser reproducida de ninguna forma sin el permiso escrito del autor. Los revisores pueden citar breves pasajes en las reseñas.

Descargo de responsabilidad: Ninguna parte de esta publicación puede ser reproducida o transmitida de ninguna forma o por ningún medio, mecánico o electrónico, incluyendo fotocopias o grabaciones, o por ningún sistema de almacenamiento y recuperación de información, o transmitida por correo electrónico sin permiso escrito del editor.

Si bien se ha hecho todo lo posible por verificar la información proporcionada en esta publicación, ni el autor ni el editor asumen responsabilidad alguna por los errores, omisiones o interpretaciones contrarias al tema aquí tratado.

Este libro es solo para fines de entretenimiento. Las opiniones expresadas son únicamente las del autor y no deben tomarse como instrucciones u órdenes de expertos. El lector es responsable de sus propias acciones.

La adhesión a todas las leyes y regulaciones aplicables, incluyendo las leyes internacionales, federales, estatales y locales que rigen la concesión de licencias profesionales, las prácticas comerciales, la publicidad y todos los demás aspectos de la realización de negocios en los EE. UU., Canadá, Reino Unido o cualquier otra jurisdicción es responsabilidad exclusiva del comprador o del lector.

Ni el autor ni el editor asumen responsabilidad alguna en nombre del comprador o lector de estos materiales. Cualquier desaire percibido de cualquier individuo u organización es puramente involuntario.

Índice

INTRODUCCIÓN 1
CAPÍTULO UNO: LA HISTORIA DE LOS REGISTROS AKÁSHICOS 4
   ¿QUÉ SON LOS REGISTROS AKÁSHICOS? 4
   LA HISTORIA DE LOS REGISTROS AKÁSHICOS 7
   EN CONTEXTOS RELIGIOSOS 10
   LOS BENEFICIOS DE LEER LOS REGISTROS AKÁSHICOS 10
CAPÍTULO DOS: MITOS Y CONCEPTOS ERRÓNEOS COMUNES 14
   MITOS COMUNES SOBRE LOS REGISTROS AKÁSHICOS 14
CAPÍTULO TRES: LA LÍNEA DE TIEMPO ETERNA 22
CAPÍTULO CUATRO: VIDAS PASADAS 31
CAPÍTULO CINCO: ENCUENTRE SU PROPÓSITO 39
   LA IMPORTANCIA DEL PROPÓSITO 39
   LOS REGISTROS AKÁSHICOS Y LAS EMOCIONES NEGATIVAS 44
CAPÍTULO SEIS: CÓMO SANAR 48
   ¿QUÉ ES LA CURACIÓN? 49
CAPÍTULO SIETE: CÓMO ACCEDER Y LEER SUS REGISTROS
AKÁSHICOS 56
   REGLAS A TENER EN CUENTA AL ACCEDER A LOS REGISTROS AKÁSHICOS 56
   EL PAPEL DE LOS SEÑORES, MAESTROS, PROFESORES Y SERES QUERIDOS 59
   UNA GUÍA DE CÓMO PUEDE LEER SUS REGISTROS 61
CAPÍTULO OCHO: LECTURA PARA OTROS 65
   LA DIFERENCIA ENTRE LEER SUS REGISTROS AKÁSHICOS Y LEER LOS DE
   ALGUIEN MÁS 65

CÓMO REALIZAR UNA LECTURA AKÁSHICA PARA OTRA PERSONA 69

COSAS QUE PUEDE HACER PARA ASEGURAR LA INTEGRIDAD DE LA LECTURA .. 70

LOS BENEFICIOS DE LEER LOS REGISTROS AKÁSHICOS DE OTROS 72

CAPÍTULO NUEVE: EJERCICIOS Y MEDITACIONES 74

CUANDO SU PROPÓSITO SE ACUMULA 78

BONO 1: ONCE PODEROSAS ORACIONES AKÁSHICAS PARA TRANSFORMAR SU VIDA 83

BONO 2: INTRODUCCIÓN Y GUÍA PARA LA LECTURA DEL TAROT AKÁSHICO 90

UNA VISIÓN GENERAL BÁSICA 91

UNA VISIÓN GENERAL DE LA LECTURA DEL TAROT AKÁSHICO 93

GUÍA PARA LA LECTURA DEL TAROT AKÁSHICO 95

CONCLUSIÓN 101

VEA MÁS LIBROS ESCRITOS POR MARI SILVA 104

REFERENCIAS 105

Introducción

Abrir los Registros Akáshicos propios es una hazaña tremenda. Acceder a las invisibles, pero poderosas, vibraciones que controlan el flujo del universo parecería ciencia-ficción, pero no lo es. Antes de comenzar su viaje, le aconsejo detenerse y respirar profundamente. Está a punto de embarcarse en un viaje que cambiará el curso de su destino, y del de quienes lo rodean. Cada vez que empiece o termine su sesión de lectura, acompáñela con unas cuantas respiraciones profundas y conscientes. Así se ordenarán sus intenciones y podrá dedicar toda su atención a la lectura.

Preparar el corazón es tan importante como preparar la mente para aceptar la información que leerá a la vez que práctica los ejercicios. Aunque las raíces de los Registros Akáshicos están profundamente ocultas en las prácticas antiguas, este libro posee mucha información descubierta recientemente que le ayudará a acceder a sus registros sin problemas. Obtendrá nuevos conocimientos sobre las emociones atascadas que vibran en malas frecuencias, y conseguirá conocimientos para transformarlas en vibraciones más altas y alegres. Empezará por encontrar heridas que perduran del pasado, no solo de esta vida, sino también de vidas pasadas.

El proceso de curación es difícil, pero cuando la gente encuentra su camino con los Registros Akáshicos se vuelve mucho más fácil de lo que piensa. La introducción al karma y a los patrones kármicos le ayudará a comprender mejor las posibles raíces históricas que le atan a mesetas de vibraciones bajas. La información presentada aquí no instaurará el poder de cambio dentro de usted, pero asegura la maximización y amplificación de los esfuerzos realizados para transformarse. La alegría es una de las principales motivaciones para la gente acceder a los Registros Akáshicos, y por una buena razón.

Probablemente haya tratado de atraer la alegría, y los resultados, en su mayoría sean decepcionantes. Es normal, al principio. Cuando despierte el verdadero poder de la alegría interna con los Registros Akáshicos, verá cómo las vibraciones y la energía pueden fácilmente influir en usted y su entorno. Cuanto más tiempo pase en los Registros Akáshicos, más adecuadamente podrá sentir alegría. Atraer alegría ya no será un problema porque entenderá las dinámicas básicas que la controlan, gracias al acceso directo a los Registros Akáshicos.

Usar las energías y vibraciones que fluyen a través de sus Registros Akáshicos le dará el poder de manifestar sus deseos más profundos y genuinos. Esta manifestación es producto de ver el mundo desde una perspectiva no lineal, lo cual abre un mundo de oportunidades bloqueado por una red de ilusiones. Tristemente, las limitaciones impuestas están interiorizadas, y diseñadas para impedirle ver la verdad completa. Es su responsabilidad eliminar las limitaciones con los Registros Akáshicos.

El crecimiento no es el objetivo final. Está obligado a crecer con o sin los Registros Akáshicos. Detener el flujo de tiempo y energía es imposible, pero los individuos pueden sumar y mejorar las vibraciones colectivas que nos unen. Los desafíos no serán fáciles, pero cada nudo que desate con los Registros Akáshicos será un aliado.

No todo el mundo puede hablar cómodamente del amor propio. Lamentablemente, la mayoría de las veces, la gente no se quiere tanto como debería. Ninguna fuerza externa puede hacer que se amen a sí mismos, aunque se encuentren en una relación con una persona amorosa o su familia lo ame. La carga de los patrones kármicos y los eventos traumáticos del pasado torna muy difícil para la gente aceptarse y verse a sí mismos como realmente son. Tener miedo de descubrir el verdadero yo porque puede que no le guste lo que encuentre es mucho peor que lo que pueda descubrir. Siempre puede usar los Registros Akáshicos para atraer el cambio que considere necesario para su felicidad y alegría personal.

Prepárese para descubrir un mundo interior completamente nuevo, accesible a través de los Registros Akáshicos. Hay más en usted de lo imaginable. Mucha gente pasa años pensando que la superficie es todo lo que hay por explorar. Las grandes profundidades de nuestras almas y energías son mucho más intrigantes e interesantes que la superficie, tienen variaciones ilimitadas. Permítase aceptar la verdad que le proporcionan los Registros Akáshicos y tomar control de su destino.

Capítulo uno: La historia de los Registros Akáshicos

¿Qué son los Registros Akáshicos?

Cuando comience el viaje espiritual, necesita suficiente información para tener la mentalidad correcta. Necesita saciar la curiosidad sobre aquello que por mucho tiempo consideró más allá de su comprensión. No ayuda la poca información existente sobre los Registros Akáshicos. Por lo tanto, necesita recurrir a la guía de profesionales con suficiente conocimiento sobre los Registros. Los Registros Akáshicos se basan en la fe, así que necesitará apertura a dicha experiencia y dejar ir las dudas.

La palabra «Akáshico» es un adjetivo derivado de la palabra «Akasha». En sánscrito, el lenguaje litúrgico del hinduismo, «Akasha» tiene varios significados. Algunos de sus matices incluyen «espacio», «materia antigua» y «cielos». Sin embargo, estas palabras no dicen mucho sobre la naturaleza de los Registros Akáshicos. En pocas palabras, los Registros Akáshicos incluyen todos los pensamientos, intenciones y acciones ocurridos en la historia de la humanidad. Abarcan los registros de otras realidades y dimensiones. Cada alma tiene sus propios registros, en los cuales están inscritos el pasado, presente y el posible futuro. Vale la pena mencionar que los registros de cada individuo cambian a medida que se desarrollan. Aunque incluyen posibilidades futuras, los Registros Akáshicos no funcionan como un oráculo. Las posibilidades representadas en los Registros solo aluden a las elecciones de las personas. Así que, si alguna vez se ha preguntado si puede elegir cómo se desarrolla su vida, tenga la seguridad de que la respuesta es sí, solo sus elecciones dan forma a su futuro. Los registros están allí para ayudarle a alcanzar un resultado favorable. Piense en los Registros Akáshicos como una gran biblioteca que contiene todo el conocimiento necesario para mejorar su vida y alcanzar la armonía.

Los Registros Akáshicos contienen un vasto conocimiento sobre cada acontecimiento de la historia humana. Por eso puede pensar en ellos como los registros de la humanidad misma. Desde el principio de los tiempos, los Registros se presentan para rastrear todas las fuentes de vida, incluyendo los animales. Registran cada emoción sentida, cada pensamiento de su mente, y cada decisión tomada. No significa que los Registros juzguen sus elecciones o defectos como ser humano. Existen para registrar su viaje, para ayudar y ayudarle a tener una experiencia más gratificante como ser humano. Los Registros Akáshicos se basan en un principio muy interesante: el concepto de la reencarnación. Para utilizar plenamente los Registros, necesita creer en tal principio. Nuestro mundo consiste en ciclos perpetuos de muerte y renacimiento. Cuando muere, su alma, que tiene una vibración y esencia específicas, renace. Los Registros Akáshicos también tienen inscripciones de sus vidas pasadas. Al acceder a ellos, puede aprender de su identidad pasada y hacer uso de las experiencias de vidas anteriores.

Los registros tienen dos partes principales: una parte estática y otra en desarrollo. La parte estática se refiere al diseño esencial del alma. Piense en este diseño como el estado perfecto con el cual el alma de alguien puede existir. La otra parte, en desarrollo, registra todas las vidas del alma. Durante estas vidas, el alma se despierta o aprende de su genuina singularidad. En este proceso, el alma puede finalmente dar sentido a su diseño esencial y encontrar paz y tranquilidad. Por lo tanto, la reencarnación atañe a los Registros Akáshicos.

Quizá se pregunte dónde están almacenados los Registros Akáshicos. Es una pregunta válida que demuestra su voluntad de creer en los Registros y beneficiarse de ellos. Para responder la pregunta, se cree que los Registros Akáshicos existen en un plano etéreo, no físico, conocido como el «Akasha». El Akasha fluye a través de todo en nuestro universo. Fluye a través de la naturaleza, la materia y nuestras almas. El Akasha es algo así como la Fuerza en la *Guerra de las Galaxias*; lo abarca todo. Sin embargo, la diferencia clave es que los Registros no dan ningún poder físico como la telequinesis. El poder que dan los Registros del Akasha es mucho más sutil y subestimado. Es un poder mental y espiritual para forjar su camino y encontrar el diseño esencial: afinar el alma para alcanzar su estado más perfecto.

Esto plantea la pregunta: ¿debería tener poderes especiales para acceder a los Registros Akáshicos? La respuesta corta es no, no necesita ser un psíquico para acceder a sus registros. En el pasado, a los Registros Akáshicos solo accedían chamanes, psíquicos y algunos filósofos, personas en perfecta armonía con sus almas, ya fuera por poderes psíquicos o por simple fe. Sin embargo, esto ha cambiado mucho. En los últimos años, ha aumentado el número de personas que pueden acceder a sus registros y utilizarlos. Podría atribuirse al estado de conciencia alcanzado recientemente por la humanidad. Nos hemos sintonizado más con nuestras almas, por lo cual acceder a los registros ahora no es tan difícil como hace 100 años.

Algunas personas piensan que solo se puede acceder a los Registros Akáshicos cuando no están completamente conscientes. Algunos afirman que accedieron a sus registros en sueños o cuando no estaban conscientes. Otros señalan que accedieron a los suyos a través de la meditación o de un trance profundo, que implica un estado de semi-conciencia. Algunos dicen que tener una experiencia cercana a la muerte es la única forma de acceder a los Registros Akáshicos. Esto es demasiado extremo e innecesario. No necesita estar al borde de la muerte para acceder a sus registros. Son suyos, y, por lo tanto, un derecho de nacimiento. No necesita ponerse en peligro innecesario para leerlos. El yoga, la meditación y otras técnicas similares pueden ayudar a alcanzar un profundo estado de concentración y tranquilidad. Uno de los métodos más potentes utilizados para acceder a los Registros Akáshicos es la Sagrada Oración Maya. Aunque la Oración Sagrada puede ayudar, no es suficiente por sí sola. Abrirse a la experiencia y estar dispuesto a creer es la clave para acceder con éxito a los Registros Akáshicos.

La historia de los Registros Akáshicos

Algo tan potente como los Registros Akáshicos no puede pasar desapercibido mucho tiempo. Podemos encontrar pruebas y varias menciones de los Registros que se remontan a civilizaciones antiguas. Los registros se han convertido en un elemento clave en muchas culturas y sociedades. Sin embargo, a veces se hace referencia a los Registros Akáshicos con una serie nombres distintos, y es difícil deducir que todos se refieren al mismo concepto: los Registros Akáshicos. A pesar de lo que algunos podrían pensar, los Registros no se oponen ni contradicen ninguna religión. Los Registros Akáshicos no son una religión en sí. Podemos encontrar menciones de los Registros en el hinduismo e incluso en el cristianismo.

En el antiguo Egipto

La antigua civilización egipcia fue quizás una de las primeras civilizaciones en mencionar el concepto de los Registros Akáshicos. La evidencia de esta creencia se puede encontrar fácilmente en los antiguos pergaminos y textos codificados en jeroglíficos. Tras descubrir los pergaminos y decodificarlos, es posible entender cómo percibían los antiguos egipcios los Registros Akáshicos. Los pergaminos mencionan que los sacerdotes, o personas con poder espiritual, accedían y leían sus registros. También leían los registros de otros. Por supuesto, aquello les daba un gran valor; eran muy venerados por todos, e incluso los faraones buscaban su consejo. También interpretaban los sueños basándose en el conocimiento obtenido de los registros. Incluso la gente común, que no podía leer los Registros, creía en su existencia. La diosa Seshat era conocida como la «Guardiana de la Biblioteca» o la «Guardiana del Gran Libro de las Almas». Los antiguos egipcios también llamaban a los Registros Akáshicos el «Depósito de Thoth».

En la antigua India

Al igual que los antiguos egipcios, los sabios indios del Himalaya creían en la existencia de los Registros Akáshicos. Creían que cada alma tenía sus propios registros en los que se representaba toda su vida. También creían que, si la gente se concentraba lo suficiente, podía acceder a los registros y leerlos. Esta creencia se ha extendido a las actuales lecturas de las hojas de palma. Para los lectores de hojas de palma aquellas hojas contienen partes de los Registros Akáshicos, y todos tienen una hoja específica en la cual se puede ver partes de sus registros. Según las creencias del misticismo hindú, el Akasha es el material utilizado para registrar los actos, pensamientos, caminos y emociones. Se cree que el Akasha es también un componente esencial de los elementos naturales, como el aire, el agua y el fuego. En este sentido, el Akasha lo abarca todo, mantiene todos los elementos conectados y en sincronía.

En la cultura maya

Los Registros Akáshicos eran un secreto revelado para la cultura maya. Incluso la gente común conocía los registros. Los que podían leerlos, los sumos sacerdotes y sacerdotisas, compartían el conocimiento que obtenían de los Registros Akáshicos con otras personas para ayudarles a forjar su camino y alcanzar un nivel más alto de conocimiento y serenidad. Tal vez una de las mayores contribuciones de los mayas en relación con los Registros Akáshicos fue la creación de la Oración Sagrada. La Oración Sagrada ayuda a cualquiera a acceder y beneficiarse de los registros si están en un estado profundo de concentración y sintonización espiritual.

En la cultura occidental

Las civilizaciones y culturas orientales no son las únicas fuentes de información de los Registros Akáshicos. La cultura occidental se puso al día alrededor del siglo XVI. El famoso vidente, astrólogo y médico, Michel de Nostredame, o Nostradamus, escribió misteriosos versos que predecían eventos futuros. Incluso predijo el Gran Incendio de Chicago de 1871 y los ataques del 11 de septiembre. A menudo se piensa que pudo acceder a los Registros del Akasha empleando medios provenientes de las visiones griegas y el misticismo sufí. Una de las primeras menciones explícitas de los Registros en las sociedades occidentales fue a finales del siglo XIX. La ocultista, pensadora y escritora rusa Helena Petrovna Blavatsky dijo que el Akasha podía crear mucha energía, ya fuera física o de otro tipo. Rudolf Steiner, el conocido clarividente y filósofo austriaco, sostenía que la gente podía ir más allá del reino material para obtener verdad y conocimiento sobre sí mismos. Quizás el mayor defensor de los Registros Akáshicos fue Edgar Cayce, conocido como el Profeta Durmiente. Celebró muchas sesiones donde respondió a las preguntas de la gente y les ofreció sugerencias para sanar con base en su acceso a los Registros Akáshicos. A diferencia de otras creencias, él pensaba que los Registros Akáshicos se encontraban en la Tierra. Dijo que la gente estaba lista para hacer uso de los registros y forjar su destino. Curiosamente, durante una de sus sesiones, los registros revelaron que se enfermaría si continuaba con sus lecturas. No hizo caso a la advertencia y murió un año después.

En contextos religiosos

En el cristianismo y el judaísmo

Los Registros Akáshicos se mencionan bajo diferentes nombres en el judaísmo y el cristianismo. Se les llama el Libro del Recuerdo o el Libro de los Vivos. Mencionado en el Libro del Apocalipsis y en la Biblia hebrea, el libro de los vivos se utiliza para registrar los nombres de las personas que han forjado un camino justo para sí mismos. Aquellos cuyos nombres se encuentran en el libro se salvan del juicio final. El Libro de los Vivos se menciona al menos seis veces en el Libro del Apocalipsis.

En el islam

Los Registros Akáshicos en el islam son conocidos como el Libro de los Decretos o Tabla Protegida. La Tabla Protegida incluye todos los pensamientos, eventos e intenciones que han existido desde el principio de los tiempos. La principal diferencia entre la interpretación del islam y otras interpretaciones de los Registros Akáshicos es la creencia de que todo el mundo tiene un ángel que registra sus actos. Según esta creencia, un ángel se asigna a cada individuo y lo sigue, registrando todo lo que hace.

Los beneficios de leer los Registros Akáshicos

Después de esta saludable dosis de historia e información general sobre los Registros Akáshicos, puede que se pregunte cómo pueden beneficiarle. Bueno, acceder y leer los Registros Akáshicos puede ser una experiencia transformadora de vida. El vasto conocimiento encontrado en los Registros puede señalar la dirección correcta y darle a su vida el propósito necesario. Estos son algunos de los beneficios de acceder a sus Registros Akáshicos:

Aprender de sus vidas pasadas

Se ha dicho que el concepto de reencarnación está estrechamente ligado a los Registros Akáshicos. Los Registros representan toda la historia de su alma, incluyendo vidas pasadas. Es natural tener curiosidad por saber quién fue en sus vidas pasadas, ya que tal descubrimiento puede ayudar a saber quién es ahora. Al leer sus Registros Akáshicos, puede aprender más sobre sí mismo y encontrar el propósito de su vida. Además, algunos aspectos de sus vidas pasadas pueden afectar la actual. Por ejemplo, puede que haya sufrido una pobreza terrible en una vida anterior, y esa pobreza sea ahora un aspecto de su vida actual. De manera similar, ciertas fobias que parecen no tener una fuente o causas conocidas pueden ser un signo de un problema en una de sus vidas anteriores. Identificar lo que le impide tener una experiencia más plena y rica permite eliminar estos bloqueos y sentirse más seguro de sí mismo.

Obtener respuestas definitivas a sus preguntas

La curiosidad perpetua es una parte importante de la experiencia humana. Nos preguntamos, dudamos y buscamos respuestas. Sin embargo, encontrar respuestas definitivas a las grandes preguntas puede resultar difícil. Después de todo, uno es un mortal sin un vasto conocimiento divino. ¿Y si le dijera que puede aprovechar aquel conocimiento y obtener respuestas para sus preguntas profundas y más? Acceder y leer los Registros Akáshicos puede ser justo lo que necesita. Puede aprender de los Maestros y Profesores de los Registros sobre los secretos del universo y finalmente encontrar la paz que siempre ha anhelado sentir.

Ganar más confianza

Todos los humanos experimentan momentos en que los pensamientos negativos dominan sus vidas. Esta parte natural, pero aterradora, de la existencia puede obstaculizar sus planes y hacer que dude de sí mismo. Estos momentos de duda personal pueden causar que se subestime o incluso que abandone las actividades que más le apasionan. Ya que necesitamos tranquilidad ocasionalmente, necesitamos confiar en algo más grande que uno mismo, algo que contenga todo el conocimiento. Los Registros Akáshicos pueden ayudarle a encontrar tranquilidad respecto al valor personal y talento. Los Registros pueden darle esa confirmación, permitirle continuar con la vida e identificar el diseño esencial de su alma. No solo mejorará su calidad de vida, también le ayudará a tomar decisiones conscientes basadas en la identidad y los talentos de su alma.

Crear un santuario

Todos soñamos con tener un espacio seguro, un refugio o un santuario donde tener todo el tiempo del mundo para reflexionar y crecer. Los Registros Akáshicos ofrecen el lugar perfecto. Son un santuario donde puede tomarse unos minutos para relajarse y olvidarse de las preocupaciones diarias. No existe prisa en los Registros; no dependen del horario de otra persona. Es un lugar donde los conceptos de tiempo y espacio desaparecen, permitiendo una experiencia de reflexión orgánica a través de la cual puede saber quién es y quién será. Por lo tanto, muchas personas que han accedido a los Registros Akáshicos vuelven a ellos varias veces al día para meditar y reflexionar. Es un lugar regido por la serenidad y el conocimiento.

Visión de las posibilidades futuras

Aquí es donde brilla el potencial de los Registros Akáshicos. Debido a que los Registros incluyen información sobre el pasado, el presente y el futuro, contienen todos los caminos posibles que su alma puede tomar. Acceder y leer sus Registros Akáshicos puede ser una experiencia iluminadora. En lugar de preguntarse sobre el futuro, con todas sus incertidumbres y caminos desconocidos, puede observar todas las posibilidades ante sus ojos. Los Registros Akáshicos no funcionan como una bola de cristal que revela el futuro, pues solo usted puede moldearlo. Pero el conocimiento que abarcan puede ayudarle a crear el resultado deseado con base en sus elecciones conscientes. Por ejemplo, Edgar Cayce podría haber abandonado sus lecturas akáshicas para evitar problemas de salud, pero decidió no hacerlo. Las posibilidades que muestran los registros son solo eventos que pueden ocurrir según su elección. Sin embargo, las ideas que ofrecen son esclarecedoras.

Mejorar sus relaciones

A veces, solo deseamos saber cómo podemos mejorar nuestras relaciones. Si a usted le resulta difícil formar y mantener vínculos humanos, la lectura de sus registros puede ayudarle a superar este problema. Al obtener información sobre sus vidas pasadas, puede identificar lo que le impide tener relaciones saludables, sanar y perdonar en lugar de ahogarse en la negatividad. Y puede obtener más información sobre sus seres queridos, lo cual le ayudará enormemente a mejorar su relación con ellos.

Experimentar la verdadera felicidad

Los Registros Akáshicos emanan una inmensa cantidad de luz, y esa luz puede resultar embriagadora para los humanos promedio. Con solo estar a las puertas de los Registros Akáshicos, puede echar un vistazo a aquella luz, y entrar en un estado de completo éxtasis. Este estado ocurre debido a la cantidad de energía divina a la que se ve expuesto al leer sus registros. Durante este proceso, debería sentirse más en sintonía con su alma y la naturaleza divina que le rodea.

Capítulo dos: Mitos y conceptos erróneos comunes

Existen algunos mitos y conceptos erróneos comunes alrededor de los Registros Akáshicos, y su principal motor es la falta de conocimiento. En este capítulo, discutiremos estos mitos en detalle y por qué la gente debería emplear los Registros Akáshicos para sentirse realizados moral, espiritual y psicológicamente.

Mitos comunes sobre los Registros Akáshicos

Como ha leído en el capítulo anterior, los Registros Akáshicos son un registro de lo que ha sucedido, lo que está sucediendo y lo que sucederá. Son herramientas poderosas e intuitivas, compuestas de información que cambia la vida y que pueden ayudar a los lectores a conectarse con otros registros. Según los registros, el tiempo es plano, y lo que sucedió hace muchos años podría sucederle hoy o mañana.

Todo tiene su registro akásico, que también puede ser llamado «Un libro de la vida». Sin embargo, ciertos mitos encarnan algunas creencias, y algunos conceptos erróneos están equivocados y errados respecto a los Registros Akáshicos. Diferentes mitos y conceptos erróneos a veces se superponen, por lo cual los dos términos se utilizarán indistintamente en este capítulo.

Solo unos pocos pueden entender e interpretar los Registros Akáshicos

El mayor mito que rodea a los Registros Akáshicos es que solo unos pocos individuos selectos, «más santos que usted», son ungidos por Dios para entender los Registros. De acuerdo con este mito, los Registros solo pueden ser entendidos por unas pocas personas dotadas con el talento de interpretárselos a otros. Este mito se basa en la autoestima. Algunas personas a menudo quieren verse a sí mismos mejores que los demás. Este mito plantea que, si uno no es elegido, no es digno.

La verdad es que todos tenemos un Registro Akáshico que ha sido parte de nuestras vidas durante mucho tiempo. El Registro se origina en la misma fuente que todos los demás, pues todos venimos de la misma energía. Por lo tanto, ya que todos estamos completos y tenemos acceso a todas las cosas que necesitamos, si elegimos cuidadosamente, somos más o menos iguales. Ninguna persona es más digna que otra. Para disipar este mito, el contraargumento se basa en la igualdad, que afirma que todos somos iguales ante Dios. Esto hace posible que todos comprendan el significado de los Registros sin buscar la ayuda de los «elegidos».

Los humanos no deben acceder a los Registros Akáshicos durante su vida

También existe una falsa creencia que establece que los humanos no deben acceder a los Registros Akáshicos durante su vida. El mito dice que los humanos solo tienen el privilegio de ver los Registros cuando mueren. Un análisis más detallado de este mito muestra que no tiene sentido, pues no tiene sentido que la fuente cree registros sobre nuestras acciones, hechos, pensamientos y otra información de nuestra vida solo para usarlos cuando estemos muertos.

El propósito de la información almacenada en los registros es aplicarse a nuestra vida para ayudarnos a tomar decisiones informadas que cambien su rumbo. Los registros deberían ayudarnos a aprender y dominar diferentes habilidades y técnicas que puedan mejorar nuestras vidas en lugar de acceder a esa información solo cuando estamos muertos. Se nos proporcionan las herramientas que pueden ayudarnos a tomar decisiones claras y apropiadas a lo largo de nuestras vidas en lugar de esperar a morir primero y luego aplicar ese conocimiento. Vivimos una vez, por lo tanto, debemos usar el conocimiento que adquirimos para mejorar nuestras vidas.

La gente busca respuestas al futuro en los Registros Akáshicos

Es una idea errónea pretender que la gente pueda pedir a los Registros respuestas sobre el futuro. A veces, las respuestas no necesariamente se concretan como se sugiere o describe en los Registros. Cuando consulte los Registros Akáshicos pidiendo respuestas, siempre debe recordar que usted es el amo de su destino. Por lo tanto, debe controlar su vida y saber que los Registros están allí para decirle el resultado más probable de algo basado en la trayectoria de los eventos presentes.

Los registros no son sinónimos de profecía, actúan como directrices que pueden ayudarle a decidir con base en el resultado de una situación similar pasada. La misma trayectoria puede volver a ocurrir, y puede usarla para crear un nuevo camino. Sin embargo, puede utilizar los Registros para redirigir sus posibles resultados de un escenario específico en lugar de depender de los Registros para que le proporcionen respuestas. Los registros son eficaces porque ayudan a proyectar el resultado probable de algo basándose en la experiencia. La experiencia puede ayudarle a deducir respuestas probables de cosas que aún están por ocurrir.

Los Registros Akáshicos se utilizan para controlar a las personas

Otro concepto erróneo es que los Registros Akáshicos son una forma de misterio usada para controlar a las personas. En algunos sectores de diferentes sociedades, estos registros son vistos como un culto controlado por sectas y religiones para tener poder sobre otras personas. Ciertas religiones buscan controlar a otras personas para aumentar su poder y ganar más dinero, pero los Registros Akáshicos son distintos. Son registros confiables para propósitos de cambio de vida y otras necesidades similares.

Por lo tanto, si usa los Registros como guía espiritual, moral y psicológica, nadie lo podrá controlar a usted. La única persona que podrá controlarlo es aquella a quien se lo permita. Por ejemplo, si se une a un culto religioso, dará a los líderes algún poder para controlarlo. De lo contrario, usted tiene el control total de su vida, y nadie más podrá controlarlo si usted no lo permite. Los Registros Akáshicos presentan a los usuarios la oportunidad de hacer elecciones personales en la vida sin influencia indebida de otras personas.

Acceder a los Registros Akáshicos alterará el plano del alma

Algunas personas creen que no se les permite acceder a los Registros Akáshicos porque manipularán el plano de su alma. De acuerdo con este mito, la guía le da el plano del alma que puede conducir a la implosión del mundo entero si se manipula. Sin embargo, no hay razón para privarse del acceso a algo que ya está escrito o grabado. Hay un propósito para todo lo que está escrito, y los Registros no son la excepción. Solo los vivos pueden leer, así podemos ver que los Registros están específicamente destinados a ser leídos.

Puede elegir su camino en consulta con sus guías, quienes tienen la responsabilidad de ayudarle en el camino hacia el crecimiento del alma. Los guías solo están ahí para ayudar, y no hay ningún juicio o jerarquía de que asustarse. Podrá obtener todo el apoyo que quiera de los guías, ya que tiene libre albedrío. Cuando acceda a sus registros, su realidad no se verá comprometida. Todo será alegre y divertido mientras aprende. La información no está grabada en piedra y tiene el poder y la voluntad de cambiarla para que se adapte a sus necesidades.

Puede elegir la información que quiera, la que ayudará a crear la mejor vida para usted. Puede obtener ayuda de otros, mientras elige la información que tiene un significado verdadero para su vida. Así, el acceso a la información de los Registros no manipulará el plano de su alma, sino que le dará poder y fuerza para cumplir sus metas y aspiraciones.

No tener el talento suficiente para acceder a los registros

Este mito emana del complejo de inferioridad de diferentes personas. Todo el mundo puede acceder a los registros, pero algunos dicen no estar dotados para hacerlo. La pregunta es, ¿quién lo dice? También debería preguntarse por qué siente que es menos de lo que vale. Lo que piensa de usted mismo puede hacerle sentir que no está dotado para acceder a los Registros, pero la verdad, tales pensamientos no tienen nada que ver con los Registros. Algunas personas carecen de confianza en sí mismas, y creen que ciertas cosas son imposibles.

Acceder a sus registros debería ser cuestión de elección personal, y nada puede detenerle. Esto ayudará a identificar sus talentos y dones divinos, que requieren de la fe y la voluntad para permitir la conexión. Para crear esta conexión, la gente necesita trabajar en la relación. Su voluntad de estar conectado determinará la conexión con sus registros. Lo principal es trabajar en superar el complejo de inferioridad responsable de hacerle sentir que no está dotado. Solo entonces podrá acceder a sus registros y cambiar su vida.

Una actitud positiva conduce a un cambio de comportamiento, que a su vez puede moldear sus percepciones y visión del mundo. Algunas personas simplemente creen que no pueden hacer cosas por miedo. En lugar de pensar que no tiene el don de acceder a los Registros, necesita tener una actitud positiva. Para superar el miedo a lo desconocido, debe recordarse a sí mismo que nada es imposible.

El miedo a escuchar cosas negativas sobre sí mismo

Es natural tener este tipo de intuición negativa sobre uno mismo, pero la verdad es que usted no es tan malo como cree. Algunas personas temen abrir sus registros por miedo a escuchar cosas malas sobre su pasado y sus contribuciones al mundo. Este factor del miedo es causado principalmente por la falta de confianza personal, lo cual ha contribuido al fracaso de muchas personas. De todos modos, debe saber que cada persona tiene un propósito en este planeta, y su contribución no puede ser igual a la de otro individuo. El hecho de que usted sea importante debería ayudarle a superar las percepciones negativas que pueda tener sobre sí.

Los registros se centran principalmente en el amor y la verdad. Estos dos componentes juegan un papel fundamental en la formación de nuestra integridad y en cómo nos relacionamos con los demás en sociedad. Por lo tanto, debe aceptar su personalidad y recordar que los registros existen por amor para ayudarle a darse cuenta de las debilidades y poder mejorar. Los Registros también tienen el objetivo de darle el poder de crear un camino agradable en el que escoja el bien sobre el mal. Esencialmente, todos aspiramos a ser justos, y esto se puede lograr si nos ponemos en posición de aprender de los errores anteriores para evitar repetir el mismo camino.

Los juicios personales son obsoletos pues solo pueden conducir a incrementar la vergüenza. Cuando pregunte a los registros, no siempre debe esperar comentarios positivos. En la vida real, la crítica constructiva es vital, ya que nos ayuda a darnos cuenta de nuestras carencias. Al conocer sus debilidades se encuentra en una mejor posición para mejorar y convertirse en una mejor persona.

Los Registros Akáshicos pueden proporcionar información para resolver problemas inmediatamente

También existe la falsa creencia entre las personas de que los Registros Akáshicos pueden proporcionar información específica para ayudar a resolver inmediatamente los problemas. De una forma u otra, cada persona experimenta confusión y frustración en la vida de tal manera que busca la intervención divina para superar los desafíos. Algunas personas creen que, si recurren a los Registros, pueden obtener respuestas inmediatas para resolver sus problemas.

En efecto, obtendrá apoyo y respuestas a las preguntas y problemas que experimenta en la vida, pero no debe esperar que todo sea repentino. El propósito de los Registros Akáshicos es ayudar a la introspección para poder obtener la verdad de lo que quiere de sí mismo. Puede llevar sus preguntas a los Registros, y lo que debe esperar obtener no es una respuesta rápida sino una guía capaz de ayudarle a superar los desafíos que enfrenta.

La respuesta ayudará a abrir su corazón y alma a otras alternativas para resolver los desafíos actuales. Existen diferentes estrategias de resolución de problemas que debe aplicar para obtener soluciones duraderas a los desafíos que pueda experimentar en un momento dado. Mientras tenga la asistencia que puede ayudarle a resolver diferentes problemas, las soluciones definitivas provendrán de su corazón, que sabe lo que es bueno para usted.

¿Los Registros Akáshicos pueden engrandecer el futuro?

Los Registros Akáshicos conciernen específicamente a la intuición del ahora, y a menudo existe la falsa creencia de que pueden predecir el futuro y hacerlo grande. Los registros no tienen nada que ver con la adquisición de habilidades únicas que pueden transformar su futuro, simplemente le ayudan a aprender a confiar en sí mismo. La falta de confianza es el mayor factor de fracaso entre las personas. Por lo tanto, confiar en sí mismo es un gran paso para lograr las metas deseadas en la vida.

Los registros no expanden sus habilidades psíquicas. Solo pueden ayudarle a sobrellevar el miedo, mientras se da cuenta de que la incredulidad interna puede impactar sobre su deseo de vivir feliz. Los registros pueden ayudar a abrirle a cualquier oportunidad que se presente. Los registros también son sorprendentes porque ayudan a crear conciencia de las diferentes cosas que pueden afectar su vida. Ya que los Registros constituyen una práctica espiritual, debería usarlos para buscar guía y poder perseguir sus sueños con confianza. Para seguir el camino correcto, debe mostrar cierta disposición a cambiar de opinión para poder tener una visión diferente del mundo.

Como ha observado anteriormente, los Registros Akáshicos son una herramienta asombrosa que puede ser usada por cualquiera con una mente abierta. Puede abrir los registros y preguntar cualquier cosa sobre su vida. Los registros pueden elevar su alma a otro nivel, especialmente al descubrir la verdad oculta de su personalidad. Cambian la vida, y pueden ayudar a moldear el destino. De hecho, nadie más que nosotros mismos podemos determinar nuestros destinos, así que los Registros Akáshicos son el mejor punto de partida si quiere alcanzar la grandeza en su vida.

Capítulo tres: La línea de tiempo eterna

Como se explicó en el capítulo anterior, los Registros Akáshicos contienen cada pensamiento, intención o emoción que ha sentido en esta vida o en las anteriores. Los Registros también contienen posibles resultados futuros, lo cual puede ser tentador para acceder y leer sus Registros. Los Registros Akáshicos del pasado, presente y futuro crean lo que se conoce como la «línea de tiempo eterna». Se puede viajar fácilmente por esta línea de tiempo a través del Proceso de la Oración del Camino. Sin embargo, antes de aprender cómo acceder a los registros, debe saber la diferencia entre los registros del pasado, el presente y el futuro.

Registros pasados

Su alma podría elegir reencarnar por muchas razones. Algunas quieren arreglar los errores y patrones de sus vidas anteriores, mientras que otras quieren disfrutar de la felicidad que las experiencias de la vida pueden ofrecer. Se requieren muchas reencarnaciones para alcanzar el diseño esencial o el estado más perfecto del alma. Sin embargo, su voluntad de abrir sus registros muestra que esta vida puede ser el punto de inflexión para usted. Indudablemente, sus vidas pasadas pueden afectar a la actual a través de su karma registrado. En sánscrito, esta palabra normalmente significa «acción» o «hecho», pero el karma va más allá. Abarca sus pensamientos y emociones también. Las experiencias traumáticas o los pensamientos y emociones negativas pueden crear bloqueos en nuestras vidas actuales. Lo cual, por supuesto, puede impedirnos disfrutar de nuestras vidas al máximo. Por lo tanto, muchas personas buscan abrir sus registros pasados para identificar la fuente de los problemas que enfrentan ahora. Sin embargo, primero, necesitan investigar las pistas de la vida presente que señalan la posibilidad de que sus vidas pasadas afecten la presente.

Observe sus patrones actuales de comportamiento. Por lo general, los patrones actuales son el resultado de los antiguos. Por ejemplo, si parece que no puede asumir la responsabilidad de su trabajo y salta de un trabajo a otro cada pocos meses, podría indicar que tuvo problemas con la estabilidad y la responsabilidad en sus vidas pasadas. Esto también se aplica a las adicciones y a los patrones de pensamiento negativo. A menudo, las personas que están plagadas de pensamientos negativos, o se sumergen en patrones negativos, tienen patrones destructivos en sus vidas pasadas que se repiten. Para poner fin a tales patrones, es necesario abrir los registros del pasado para encontrar la raíz del problema.

Del mismo modo, los problemas físicos o médicos crónicos, como la artritis, pueden señalar eventos traumáticos o accidentes de vidas pasadas. Por ejemplo, si usted sufre de dolor crónico que no se logra curar, sin importar cuántos tratamientos reciba, puede descubrir que es el resultado de una lesión grave que sufrió en una de sus vidas pasadas. Su situación financiera también puede verse influida por sus vidas pasadas. Al investigar los patrones de pobreza que dominan su vida y acceder a sus registros, puede que se sorprenda al descubrir que usted sufrió las mismas circunstancias anteriormente y que el patrón se está repitiendo.

Otro aspecto que muchos están interesados en investigar son sus problemas de relación. Lamentablemente, no todos lo tienen fácil;

algunos no pueden formar o sostener ninguna relación significativa. Si usted es una de esas personas, tenga la seguridad de que no hay nada malo en usted. El karma del pasado puede ser una causa plausible de su insatisfacción en lo que se refiere a las relaciones personales. Los pensamientos que alimentamos constituyen la energía que fluye a los Registros Akáshicos e inscriben su desarrollo. Su yo del pasado podría haberse enfocado en pensamientos negativos sobre el amor. Podría haber sentido que era indigno de él o que era una fuente de debilidad. Esos pensamientos están ahora en sus registros pasados y continúan influyendo sus relaciones actuales. Sin embargo, no hay razón para preocuparse, ya que puede arreglar el problema al encontrar la raíz de su causa.

Es fácil malinterpretar cómo funciona el karma en el contexto de los Registros Akáshicos, pero debe saber que no es un juicio o castigo. Es simplemente un registro de cómo vivió sus vidas pasadas. De hecho, sus registros pasados contienen millones de experiencias positivas de las que puede aprender. Incluso los incidentes y experiencias traumáticas proporcionan una gran oportunidad de crecer y alcanzar el estado más perfecto de su alma. Hay tres motivos del karma: la repetición, la retribución y la compensación. La repetición se refiere a un patrón de comportamiento que se repite constantemente. Sin embargo, cada vez que lo hace, se vuelve más peligroso. Por ejemplo, si alguien tuvo problemas menores con la comida en exceso en una vida, tal patrón puede repetirse en la actual, causando resultados más severos como los trastornos alimenticios. La retribución, por otro lado, se refiere a las relaciones negativas o difíciles del pasado. Los aspectos negativos de las relaciones como el abuso y la desconfianza en una vida pasada pueden crear un patrón que perpetúe e impacte sus relaciones actuales. Por último, la compensación se refiere a las carencias de sus vidas anteriores que intenta compensar en esta. Esta compensación puede, sin embargo, ser peligrosa. Si fue pobre en una vida anterior, podría compensarlo gastando más de la cuenta. Ciertamente, gastar de más es una compensación negativa y un patrón que debe eliminar de su vida.

Entonces, ¿cómo puede arreglar algo que ya ha sido registrado? El proceso se llama «reescribir sus registros pasados». Por imposible que esto pueda sonar, debe saber que tiene control total sobre sus registros y puede reescribir los pasados cuando alcance suficiente iluminación. Debe empezar por centrarse en un único aspecto que quiere ver. Por ejemplo, puede centrarse en los problemas de relación. Sus Registros Akáshicos le permitirán ver los eventos pasados que conducen a sus problemas. Ahora, al ver y comprender tal experiencia, puede reescribirla. Para ello, imagine una mejor conclusión de la situación. Digamos que no puede encontrar un compañero ahora. Al ver sus registros pasados, puede descubrir que tuvo una relación difícil con su cónyuge en una de sus vidas pasadas. Entonces puede cambiar el resultado de esta relación imaginando que empezaron a escucharse más y arreglaron su matrimonio. Aquello debería eliminar el bloqueo que ha sufrido y permitirle buscar relaciones saludables.

Registros actuales

Mientras que acceder a sus registros pasados puede ayudarle a sanar y eliminar bloqueos de su vida, leer sus Registros Akáshicos actuales tiene muchos más beneficios. Cada momento está representado en detalle en los registros, y su alma siempre está vibrando y proporcionando a sus registros la suficiente energía para inscribirlo todo. ¿Qué significa eso? Significa que su comportamiento, procesos de pensamiento y emociones actuales están continuamente registrados y seguramente le afectarán en el futuro. Para cuando lea sus registros pasados en una de sus próximas vidas, sus elecciones actuales le habrán llevado a una vida satisfactoria o a una carente de satisfacción. Por eso es extremadamente importante controlarse y darle valor a los pensamientos y las emociones positivas.

Identificar los patrones actuales de comportamiento negativo

La apertura de sus Registros Akáshicos actuales puede arrojar luz sobre sus patrones de comportamiento actuales. Pueden mostrarle sus patrones positivos y negativos. Aunque no puede reescribir sus registros actuales porque siempre están cambiando, puede cambiar su comportamiento en la vida real. En este sentido, los Registros Akáshicos solo están ahí para ayudarle a reconocer los patrones destructivos y arreglarlos. Por ejemplo, puede estar luchando con el alcoholismo y permanecer ajeno al hecho de que se ha convertido en un problema real. Sus registros actuales pueden ayudarle a ver esto desde una perspectiva diferente, permitiéndole reconocer finalmente que tiene un problema. Puede entonces usar este conocimiento para mejorar su vida y aumentar las vibraciones de su alma.

Identificar patrones de pensamientos y emociones negativas

Usted es la única entidad responsable de su felicidad, y usted es el único que puede elegir vivir felizmente. Con este espíritu, sus pensamientos y emociones actuales tendrán un gran impacto en su futuro. La forma en que se percibe a sí mismo es de suma importancia. Si siempre tiene pensamientos negativos o de desprecio hacia sí mismo, puede abrir sus registros actuales para investigar el problema y encontrar más claridad. No vamos a abogar por el poder del pensamiento positivo porque ya se ha demostrado su eficacia, pero necesita afirmar su autoestima y aumentarla si quiere cambiar su vida. Debido a que los Registros Akáshicos son muy sensibles a todo lo que pensamos, sentimos o hacemos, necesitamos pensar siempre de manera positiva, incluso cuando nos enfrentamos a situaciones difíciles. Por ejemplo, si elige centrarse solo en los peores aspectos de su trabajo, esto quedará inscrito en sus registros e incluso puede causar problemas durante su próxima reencarnación. En cambio, puede centrarse en sus aspectos positivos, ya sea una experiencia o una ganancia monetaria. Cuando se le asigna una tarea difícil, en lugar de pensar: «No puedo terminar esto», puede decirse a sí mismo, «Es ciertamente una tarea difícil, pero estoy seguro de que puedo hacerlo». Aplique esto a cada aspecto de su vida y cosechará beneficios asombrosos.

Identificar patrones espirituales negativos

Su espíritu puede estar cargado por las dificultades que enfrenta o las preocupaciones diarias con las que debe lidiar. Sin embargo, esto no significa que no haya manera de arreglarlo. Para combatirlo, debe enfocarse en sus patrones negativos de comportamiento, pensamientos y emociones, usando los puntos anteriores como guía. Al hacerlo, curará su alma de manera efectiva y le ayudará a trascender viejas preocupaciones y quejas. Esto, a su vez, aumentará las vibraciones de su alma y la ayudará a alcanzar su ideal divino más rápidamente. A largo plazo, este proceso abrirá muchas oportunidades futuras que valen la pena y que no podría aprovechar de otra manera. Reconocer que todo lo que hace puede afectar su futuro, y sus próximas reencarnaciones, puede ayudarle a asumir una nueva perspectiva de vida, y así disfrutar de nuevas experiencias utilizando el beneficio del pensamiento positivo.

Registros del futuro

Los Registros Akáshicos abren un mundo de posibilidades, ya que pueden ser utilizados para obtener una mejor visión del futuro. Mucha gente piensa que acceder a sus registros del futuro es peligroso porque pueden arriesgarse a ver que algo malo les sucederá en el futuro. Prefieren permanecer ciegos ante el futuro. La experiencia de ver su futuro, aunque difícil, puede ser verdaderamente esclarecedora. No puede obtener esta información en otro lugar, y al recordar que sus registros son esencialmente su derecho de nacimiento, puede entender que no representan ningún daño; solo están ahí para guiarle hacia su ideal divino. Sin embargo, debido a que la energía y las vibraciones de su alma están escribiendo sus registros presentes ahora, sus registros futuros están siempre cambiando. Nada está escrito en piedra, y la comprensión de esta idea puede ser tranquilizadora. Incluso si termina viendo un resultado desfavorable, no significa necesariamente que todo lo visto ocurrirá. Todo lo que pueda ver al acceder a sus registros futuros son meras posibilidades hasta que decida actuar al respecto.

Usar los registros futuros para arreglar los problemas actuales

Echar un vistazo al futuro no es para atormentarse. Aunque ver un evento traumático en el futuro es ciertamente desalentador, los Registros Akáshicos solo tratan de empujarle en la dirección correcta. Le dan la oportunidad de cambiar su destino. Las posibilidades que puede ver ahora son solo un reflejo de sus elecciones y acciones actuales. Son los resultados más lógicos que pueden derivarse de su comportamiento actual. Por ejemplo, si recientemente ha estado trabajando demasiado, una de sus posibilidades futuras podría incluir problemas de salud o de relaciones debido a su apretada agenda. Los Registros le alertarán al respecto y le ayudarán a encontrar la raíz del problema. A través de este proceso, puede identificar patrones negativos actuales de los cuales podría no haber sido consciente anteriormente. De esta manera, puede tomar medidas activas para eliminar dichos patrones y cambiar los resultados futuros.

Revisar sus registros futuros

A medida que cambie sus patrones actuales de pensamiento, comportamiento y emociones, sus futuros Registros Akáshicos también cambiarán. Como hemos mencionado anteriormente, los registros futuros reflejan sus acciones actuales. Por lo tanto, tiene sentido revisarlos ocasionalmente, para medir la forma en que su futuro se configurará con base en los cambios que ha implementado. Por supuesto, si ha hecho un cambio drástico, sus registros futuros se verán muy alterados. Incluso podría notar que algunos escenarios han desaparecido por completo y han sido reemplazados por otros nuevos, más positivos. Sin embargo, si no puede percibir un gran cambio en sus registros futuros, necesitará darse tiempo. A veces, los cambios tardan un tiempo en surtir efecto sobre la vida. Aunque sus registros futuros puedan parecer estancados ahora, tenga la seguridad de que solo están esperando a que el cambio surta efecto. Por lo tanto, trate de revisar sus futuros Registros Akáshicos a menudo para ver todas las nuevas posibilidades que se han agregado recientemente a sus registros.

El proceso de la Oración del Camino

La Oración del Camino es un medio para acceder a los Registros Akáshicos. Fue desarrollada por Linda Howe, quien tiene un doctorado en estudios espirituales y es la fundadora del Centro Linda Howe de Estudios Akáshicos cuyo fin es alentar al uso de los Registros Akáshicos para el empoderamiento. Considerado el método más eficaz y sencillo de acceder a los registros, la Oración del Camino es muy fácil de usar, lo que la hace ideal para los principiantes que quieren consultar la sabiduría de los Registros. Lo que también hace que este método sea muy potente es que funciona cuando se quiere leer los propios registros o los de otra persona. Tal versatilidad es muy apreciada. La Oración del Camino tiene dos partes: una oración de apertura y otra de cierre. La oración de apertura consiste en pedir la dirección y guía de los Maestros de los registros, los Profesores y los Seres Queridos. En la oración de cierre, se agradece a los Registros Akáshicos por la visión proporcionada. Lo más importante es que debe usa su nombre legal al cantar el rezo de apertura. El tercer párrafo debe repetirse tres veces. La primera vez, debe usar los pronombres personales «mí» y «mí». La segunda y tercera vez, asegúrese de usar su nombre legal en lugar de los pronombres personales señalados entre paréntesis. Según Linda Howe (2009), el texto de la Oración del Camino es el siguiente:

Oración de apertura

Y así, reconocemos las Fuerzas de la Luz

Pidiendo guía, dirección y coraje para conocer la Verdad

Como se revela para nuestro mayor bien y el mayor bien de

Todos los que están conectados con nosotros.

Oh, Espíritu Santo de Dios,

Protégeme de todas las formas de egocentrismo

Y dirige mi atención al trabajo en cuestión.

Ayúdame a conocerme a mí mismo a la luz de los Registros Akáshicos,

Verme a mí mismo a través de los ojos de los Señores de los Registros,

Y permíteme compartir la sabiduría y compasión que los Maestros, Profesores y Seres Queridos por (mí) tienen para (mí).

Los registros quedan ahora abiertos.

Oración final

Me gustaría agradecer a los Maestros, Profesores y Seres Queridos por su amor y compasión.

Me gustaría agradecer a los Señores de los Registros Akáshicos por su punto de vista.

Y me gustaría agradecer al Espíritu Santo de la Luz por todo el conocimiento y la curación.

Los Registros quedan cerrados. Amén.

Los Registros quedan cerrados. Amén.

Los Registros quedan cerrados. Amén. (p. 165)

Capítulo cuatro: Vidas pasadas

Más allá de las acciones físicas que confluyen en nuestra existencia, ¿ha pensado alguna vez una explicación más intrincada de cómo llegamos a ser seres humanos? Tal vez sea la curiosidad innata de la mente humana y la creencia de que debe haber algo más en nuestro ser que los hechos concretos que conocemos sobre el ciclo de la vida. Nacemos, pasamos sin saberlo por una vida llena de innumerables posibilidades hasta que finalmente perecemos. Verdades simples que nadie, sin importar sus creencias, puede atreverse a desafiar. Sin embargo, para algunos, la idea de una existencia aislada en la cual cada humano camina su propio camino en la vida no parece suficientemente convincente. Creen que el reino de los espíritus está mucho más conectado de lo que nuestras mentes terrenales podrían entender.

Muchas religiones orientales que se originaron en Asia, como el hinduismo y el budismo, se basan en la dicotomía entre cuerpo y alma. El hecho de que una persona muera no significa que su alma la siga; por el contrario, continúa de alguna otra forma o manera. Con base en el concepto de la continuidad del alma, surgieron religiones modernas, como la Teosofía, que se apareció en Nueva York, en los Estados Unidos, a finales del siglo XIX.

La Teosofía, y otras religiones posteriores enseñan que cada pensamiento, acción o sentimiento humano que tiene lugar en la tierra, ya sea bueno o malo, se registra en un sistema de memoria metafísica conocido como los Registros Akáshicos. Más que contener los registros de la suma de las acciones de la humanidad, se cree que los Registros Akáshicos tienen un inmenso efecto en la forma en que vivimos nuestras vidas, nuestras relaciones y el tipo de futuro que atraemos. Los que defienden la veracidad de los Registros Akáshicos argumentan que el acceso a los registros de uno puede revelar información sobre sus vidas pasadas, con la esperanza de que ayuden a tener más control sobre su destino, según las vidas que tienen en el presente.

El acceso a los registros ya no es exclusivo para ciertas personas; las personas normales pueden buscar orientación para hacerlo por su cuenta. En este capítulo, vamos a centrarnos en la exploración de las vidas pasadas a través de los Registros Akáshicos. Así que, si es la primera vez que lee sobre los registros, recuerde mantener la mente abierta para sacar el máximo provecho de su lectura.

El significado de las vidas pasadas en los Registros Akáshicos

Con base en la creencia de que el alma humana es imperecedera, y que los Registros Akáshicos contienen datos sobre lo que ha sido, es y será, puede aprender sobre sus propias vidas pasadas accediendo a los registros. Conocer el pasado de su propia alma, dónde ha estado y las vidas que ha tenido, puede ayudarle a identificar por qué tiene ciertos sentimientos, o cómo ha cultivado comportamientos específicos. Debe haber escuchado el dicho de que no puede saber a dónde va a menos que entienda de dónde viene; al permitirse echar un vistazo al pasado, los Registros Akáshicos pueden ayudarle a ir por la vida con más convicción. Para decirlo de una manera más romántica, las vidas pasadas son oportunidades para que su alma mejore.

Al vivir múltiples vidas, su alma está en un viaje eterno para mejorar continuamente hasta que finalmente pueda alcanzar un estado superior. Se cree que el propio Buda tuvo cerca de mil vidas antes de alcanzar la iluminación. La gloria de la redención no es ajena a todas las religiones terrenales conocidas por los humanos. Cuando se trata de asuntos del alma, nada es absoluto. Tal vez nuestros egos iniciaron la idea de la continuidad de nuestras almas, nuestro propio rechazo a la posibilidad de ser creados, y dejar de existir de una vez por todas. La idea de las vidas pasadas, sin embargo, hace referencia al flujo y a una especie de inmortalidad que supera a nuestros cuerpos físicos.

¿Todos tienen vidas pasadas?

Esta debe ser una de las primeras preguntas que cruzó su mente cuando escuchó por primera vez sobre los Registros Akáshicos. Debe haber oído hablar de las teorías de la reencarnación y de cuánta gente cree firmemente que solía ser otra persona en una vida pasada. Aunque podría pensar que tales personas tienen una conexión exclusiva con otros mundos, si presta más atención, puede encontrar toneladas de pistas bastante tangibles que apoyan la validez de esta afirmación. Piense en la sensación de familiaridad que experimenta cuando conoce a algunas personas por primera vez. ¿Por qué cree que pareces «conectar» sin ninguna interacción previa? ¿Qué hay del concepto de *deja vu*? Va a un lugar que nunca ha visto antes y conoce a gente que no sabía que existía, pero de alguna manera todo se siente como la reproducción de un recuerdo almacenado en algún lugar profundo de su psique.

Nunca hay explicaciones claras sobre estos fenómenos antinaturales, no importa que comúnmente no se acepten como sucesos místicos. Además, el vínculo especial que tiene con otra persona, o la afinidad hacia un lugar, es más evidencia de que su alma ya los conocía de otra vida. No es algo fácil de entender si no ha estado allí, en el lugar que elige entretener su mente inquisitiva. Sin embargo, cuando se cree la idea de que todo tiene un significado, se puede descubrir mucho con solo abrir los ojos y preparar los sentidos para analizar lo que está sucediendo a su alrededor.

Lecturas de vidas pasadas en los Registros Akáshicos

Ahora que sabe más sobre la teoría de las vidas pasadas, y cómo puede beneficiarse de tal conocimiento, debe saber qué esperar de las lecturas akáshicas de las vidas pasadas. Tal vez esté en un punto de la vida en el cual se siente tan abrumado por el ruido circundante que decide mirar hacia dentro de sí. Muchas personas pierden el tiempo tratando de controlar las circunstancias y los eventos externos sobre los cuales no tienen ningún poder, y solo unos pocos se dan cuenta de que deben enfocarse en sí mismos. Buscar el acceso a los Registros Akáshicos es una forma de asumir la noción de que el pasado, presente y futuro coexisten en algún lugar al que puede llegar para encontrar abundancia y buena fortuna en la vida. Cuando decida seguir este plan, puede elegir una búsqueda guiada, como se mencionó anteriormente, o puede encargarse de solicitar el acceso a los registros. Más adelante, en otros capítulos de este libro, se le presentará una guía paso a paso sobre cómo acceder a los Registros Akáshicos y realizar su propia lectura. Sin embargo, por ahora, queremos centrarnos en el papel que juegan las vidas pasadas en las lecturas akáshicas. Llegar a sus vidas pasadas puede ser muy útil para buscar respuestas ausentes en su vida actual, por qué ciertos miedos le frenan, o descubrir algunos patrones en las relaciones con sus seres queridos. Tendrá la oportunidad de visitar cualquiera de las siguientes:

- Su vida pasada más reciente

Es la vida más cercana según nuestra definición de tiempo, o de la vida que tiene ahora mismo.

- Su vida pasada más significativa

Esta vida es la que parece tener el mayor efecto sobre la actual. Por alguna razón, las experiencias que ocurrieron en aquella vida resuenan bastante fuerte con lo que vive ahora.

- La vida pasada que su alma elija

Esta vida pasada es la que su alma libremente elige volver a visitar. Puede que no tenga la oportunidad de saber por qué, pero si quiere, puede volver a ella más tarde en futuras lecturas para buscar respuestas sobre aquella vida pasada en específico. Como mencionamos antes, existe una razón y un significado detrás de todo, así que siempre es una buena idea profundizar. Le ayudará a conocer más sobre sí mismo y los viajes de su alma.

Regresiones versus lectura de las vidas pasadas

En las regresiones, tiene la oportunidad de experimentar sus vidas pasadas de una forma más completa al someterse a la hipnosis de un terapeuta especializado y puede llegar a vivir indirectamente ese período. Aunque es más intrincado y ofrece una visión más profunda, las regresiones son relativamente caras y suelen requerir varias sesiones antes de ser fructíferas, sin mencionar el experimentar los inconvenientes de la hipnosis. Las lecturas de vidas pasadas, en cambio, le dan acceso a sus vidas pasadas de una manera más fácil. Es posible que se tarde más en alcanzar la misma profundidad que con las regresiones; sin embargo, para las personas normales, suele bastar ponerse en contacto con sus vidas anteriores. Tanto las regresiones como las lecturas comparten el propósito, ayudar a utilizar la información descubierta en la vida actual.

La mayoría de los lectores experimentados advierten a los nuevos sobre la posibilidad de ser absorbidos por una realidad pasada y perder el control de la realidad, por deleitarse con lo ocurrido. Pueden perderse de su vida actual y quedar atrapados en un estado de limbo. Si va a intentar cualquiera de las dos cosas, debe identificar sus intenciones y comprometerse con ellas y evitar desviarse a pesar de las tentaciones. Debe entender que las vidas pasadas no son en absoluto una alternativa a su vida actual, sino que permiten aprender de las lecciones del pasado para tomar mejores decisiones y vivir una vida más satisfactoria.

Registros Akáshicos y Karma

Para entender mejor cómo los Registros Akáshicos ayudan a sacar provecho de las vidas pasadas, necesita aprender sobre los principios del Karma. En el budismo y el hinduismo, sus acciones y hechos dictaminan cómo resulta su vida. El bien que haga eventualmente regresará a usted en la vida actual, o en las futuras. Esto significa que cualquier infortunio que encuentre, o sus constantes luchas pueden deberse a la consecuencia kármica de acciones cometidas en una de sus vidas pasadas. La gente que desea liberarse de la ira del Karma recurre a los Registros Akáshicos para encontrar las cosas que necesitan corregir para resarcirse. Debe preguntarse si esto significa que no es más que un espectador de su propia vida, pues su destino ya está escrito, y solo puede «verlo» a través de algunos registros archivados. Si es verdad, entonces ¿qué hace aquí, y cuál es su propósito?

Debe entender que somos seres libres, y que tiene la oportunidad de dar un giro a su vida si lo desea. Eso es lo que dirán los Registros Akáshicos. Los registros son una herramienta de observación, no influyen en sus acciones y pensamientos, simplemente los almacenan. Incluso si todavía está indeciso sobre cuán reales pueden ser los Registros Akáshicos, creer en el Karma será de provecho para su vida. Si cada persona creyera que lo que da al mundo se reflejará inminentemente en su propia vida, la humanidad se habría ahorrado mucho dolor y sufrimiento. Tómese un momento y reflexione sobre este pensamiento, no necesariamente tiene que creer en el Karma en sí, llámelo como quiera, pero hágase un favor y préstele la atención que merece.

¿Qué debe buscar en las vidas pasadas?

Al igual que su vida presente, sus vidas pasadas están llenas de detalles que carecen de valor o significado. Durante la lectura de una vida pasada, especialmente la primera vez, puede verse inundado por millones de pensamientos, sentimientos e ideas. Si se detiene a tomar nota de cada uno, desperdiciará su precioso tiempo de lectura.

Necesita prepararse para la sesión de lectura. Enumere varios temas sobre los cuales desea encontrar respuestas en los Registros Akáshicos. Limítese a unas pocas y breves preguntas abiertas hasta acostumbrarse a las lecturas. Por ejemplo, solicite información sobre su miedo a las alturas, o las raíces de su naturaleza tímida. Centrándose en temas específicos, tendrá más posibilidades de disfrutar de una sesión de lectura informativa. Durante la lectura, aplique las reglas básicas de la meditación, observe los pensamientos y sentimientos irrelevantes y luego déjelos ir sin detenerlos. Una vez que obtenga suficiente conocimiento para llegar a los Registros Akáshicos cuando lo desee, articular sus preguntas será mucho más fácil, y podrá encontrar lo que busca cada vez.

Cómo será su vida presente como una vida pasada

Dados los principios de los Registros Akáshicos que hemos discutido, y las características de las vidas pasadas, probablemente ahora puede ver su responsabilidad de asegurar que su presente se convierta en un pasado amigable para su yo futuro. A diferencia de sus vidas pasadas, ahora sabe lo suficiente sobre las consecuencias de sus creencias y acciones en este mundo. Entonces, ¿cómo puede usar esto para el beneficio de su yo futuro? ¿Qué debería hacer para deshacerse de cualquier tensión desagradable que pueda viajar a su yo futuro? La respuesta es bastante simple; necesita ser más consciente. Empiece ahora mismo, repítalo una y otra vez hasta que pensar, actuar y hablar conscientemente sea algo natural. Piense en ello como una mejora a las cartas que se le repartirán a su yo futuro. Tendrá una ventaja al establecer una base sólida de honestidad, amabilidad y alegría.

Elija llevar una buena vida, ser de utilidad a los demás, y no se pierda en medio del ruido del mundo de hoy. Use lo que aprenda en las lecturas de su vida pasada para evitar cometer los mismos errores que intenta arreglar en el presente. Observe lo que ha tenido mayor impacto del pasado y dirija toda su energía hacia corregir su yo futuro. Aunque esta es una progresión lógica al usar las vidas pasadas para mejorar su presente, no todo el mundo puede llegar por sí mismo de forma natural a esta idea. Por eso es importante resaltarlo aquí para que pueda entender cómo construir sobre el conocimiento de sus vidas pasadas y seguir adelante.

Pensar en su vida como una extensión de otras vidas puede ser muy poderoso. Cuando el mundo parece abrumador, y siente que no tiene ni idea de a dónde va, siempre puede encontrar consuelo al saber que, en cierto sentido, ha pasado por lo mismo antes, lo ha descubierto una vez, y puede hacerlo de nuevo. Si va a quedarse con algo de este capítulo, que sea el hecho de que usted es más de lo que su mente humana puede comprender. Su vida exige y merece respeto. Así que, mantenga ese pensamiento firme mientras sigue leyendo porque estamos a punto de entrar en la parte práctica del libro. Los próximos capítulos le mostrarán cómo aplicar la teoría para encontrar su propósito y sanar usando los Registros Akáshicos.

Capítulo cinco: Encuentre su propósito

No todos los organismos anhelan un propósito, pero casi todos los organismos lo encuentran automáticamente, excepto los humanos. Los árboles, por ejemplo, existen en su propio plano de energía y conciencia, respirando, exhalando y ramificándose en formas magníficas. Sus planos de energía se superponen con los nuestros en numerosas ocasiones. Pero su propósito casi nunca cambia. Siempre son árboles. Los humanos, por otro lado, pueden perderse fácilmente en la superposición con otros planos, organismos, situaciones y energía interna. Encontrar un propósito puede ser a veces un paseo áspero e intenso a través de varios planos de conciencia y vibraciones.

La importancia del propósito

Antes de intentar usar los Registros Akáshicos para navegar por los reinos de los propósitos personales y espirituales, debe asegurarse de que sabe por qué busca un propósito. Al usar los Registros Akáshicos, intenta profundizar en muchos elementos de su vida actual y de las anteriores, y ha llegado a este plano para la trascendencia y purificación. Esto significa que debe mantener un estado constante de honestidad consigo mismo. No hay absolutamente ninguna manera de encontrar el propósito kármico y verdadero sin estar completamente conectado con su verdadero ser.

Conocer sus propósitos actuales y quizás los futuros le ayudará a mantenerse enfocado y enraizado. Será capaz de ver los preciosos elementos y formas de energía más importantes para su vida, y muchos de aquellos elementos comenzarán a mostrarse a través de vibraciones, karma, o diferentes formas de revelaciones basadas en la energía. Una vez que sea capaz de mantenerse enfocado en un propósito durante mucho tiempo, la energía se intensificará. Este propósito simple que encontró de repente se convertirá en una pasión. Esta energía ardiente puede fluir a través de su cuerpo y alma, desbloqueando las restricciones impuestas en vidas pasadas.

Es fácil reconocer a las personas que conocen su propósito hace años. Ellos emanan energía y aura a quienes están cerca. Tal claridad se obtiene de la agudización de la pasión y propósito, y los hace imparables. Esta claridad no solo la utilizan para avanzar en una carrera o en el aprendizaje de una nueva habilidad, sino también para tener vibraciones adecuadas y sincronizadas para poder ver los caminos más adecuados para ellos.

Los registros personales

Los Registros Akáshicos contienen todos los caminos, energías, frecuencias, propósitos y conjuntos de información aprendida, no solo en esta vida sino en otras vidas. Estos registros están llenos de infinitas vibraciones que resuenan en todos los planos que trascienden el espacio y el tiempo, expandiendo la energía del universo. Las personas que buscan su propósito querrán acceder a una porción específica de sus Registros Akáshicos para facilitar encontrar su camino. Esta sección se conoce como Registros Personales.

Puede pensar en sus Registros Personales como un árbol de ramas infinitas que son la suma de su experiencia previa y de la energía e información contenida en su futuro. El acceso a los Registros Personales puede revelar sus influencias pasadas y actuales, además del verdadero camino de su alma en la tierra. Es muy común pensar que tener un propósito es ser consciente de este, pero la mayoría de los propósitos inherentes a nuestra alma no están claros en el plano consciente del pensamiento.

Son las raíces más profundas del propósito las que intenta encontrar, las que le hacen sentir que debería despertarse cada la mañana y ver lo que el día tiene para ofrecer.

El propósito espiritual

En la búsqueda de propósitos terrenales, muchos olvidan que el propósito espiritual es un esfuerzo esencial. Ya que se encuentra en lo más profundo, la gente a menudo piensa que buscarlo es un esfuerzo innecesario. Pero, el único propósito que puede liberar de los grilletes de la culpa y la confusión interna es el propósito espiritual. Sin este tipo de paz y tranquilidad interior, sus otras búsquedas y esfuerzos tendrán menos energía y vibraciones que le impulsen hacia adelante en la vida.

El propósito espiritual está estrechamente ligado al apego por ciertas personas, lugares o recuerdos. Dirigirlo conscientemente le permitirá finalmente deshacerse del hábito de caer en bucles de autodestrucción y desprecio, de la misma manera que hurgar constantemente una herida solo la emporará. Su propósito personal está atado a su propósito espiritual porque la psicología es inseparable de los Registros Personales.

El propósito personal

El propósito personal es como un río infinito que pasa a través de cada pequeña o gran experiencia de su vida. Puede que quiera saber el tipo de carrera o habilidad que desarrollará, pero ¿ha pensado alguna vez en el tipo de vida emocional y mental que le gustaría llevar? La gente con facilidad tiene visiones cuando piensa en su futuro y en el tipo de vida que quiere llevar, centrándose solo en los pequeños aspectos prácticos en lugar de los grandes aspectos espirituales y emocionales. Escuchar el alma mientras le guía para deshacerse de los miedos y preocupaciones que le retienen es la forma más fácil de encontrar su verdadero propósito. Si deja que los miedos de las vidas actuales y pasadas le pongan grilletes invisibles y subconscientes, será difícil avanzar en su propósito personal.

Aprenderá a amarse a sí mismo y tendrá el valor de finalmente asomarse a un futuro en el cual no se sienta amenazado por la culpa y las preocupaciones. Sus relaciones y vida amorosa son parte del propósito personal. Puede que no lo note, pero el propósito personal puede dictaminar cómo percibe las relaciones actuales y pasadas. No es el tipo de relaciones lo que importa, ya sea profesional, romántica o incluso platónica. Lo que realmente importa es cómo se conectan con su propósito personal en esta vida actual. Recuerde, no está tratando de forzar su entrada a los Registros Akáshicos, solo está tratando de encontrar una manera de escuchar lo que estos Registros le han dicho durante miles de años.

Estar atascado

Uno de los mayores obstáculos que enfrenta la gente cuando trata de encontrar su propósito y sus talentos es quedarse atascado en el pasado. Esto está directamente relacionado con el Karma, del que probablemente haya oído hablar a través de sus interacciones con otros o leyendo sobre religiones. Al parecer muchas filosofías y religiones dependen del Karma y las energías. Mucha gente recurre a los Registros Akáshicos para eliminar de raíz los antiguos obstáculos que les impiden avanzar. Es imposible encontrar un propósito verdadero si sigue pensando en el pasado y permite que le controle.

La tarea de deshacerse del ego puede parecer bastante abrumadora cuando lo piensa, pero no es más que eliminar las ilusiones del pasado. Necesita pensar en lo que el Karma presenta a su puerta como oportunidad; ¿Son emociones negativas? ¿Sentimientos de estar atrapado? ¿Pensamientos en bucle? Son todas puertas potenciales para desatar lo que realmente le impide estar en contacto con su verdadera alma. Aprovechar los Registros Akáshicos para encontrar soluciones le ayudará a realizar cambios interesantes en su vida. La meta final es trascender su Karma, superando lo que le ha estado obstaculizando durante muchas vidas.

Si no está familiarizado con el entrelazamiento kármico, es la suma de todas las conexiones de sus patrones kármicos. Este entrelazamiento es la acumulación de experiencias pasadas a través de la familia, la nación, las tribus y otros patrones que pueden reflejar el Karma de sus vidas pasadas. Necesita entender que sus experiencias personales no son las únicas cosas que afectan a su Karma; en realidad es bastante fácil para la gente enredarse en patrones kármicos que ocurrieron en el pasado, solo a través de la conexión con su herencia.

Liberar el Karma

Sentirse víctima de las circunstancias terrenales no le ayudará a encontrar su propósito. De hecho, solo le obstaculizará, ya que tendrá un campo de visión muy estrecho. Una vez sienta que su vida está completamente fuera de control, no será capaz de reunir la fuerza necesaria para enfrentarse a su Karma y cambiar de camino. Hay una gran posibilidad de que lo que le detenga sea el entrelazamiento kármico producido por su vida pasada. Un efecto problemático común del entrelazamiento kármico es la pérdida de su verdadero ser individual e independiente, ya que su alma se entrelaza con otros grupos grandes y diversos.

Esto es fácil de observar al mirar gente nacida en ciertas religiones, o a aquellos que asumen un sistema de creencias rápidamente sin pensar en las consecuencias. Pueden fácilmente entrelazarse kármicamente. Luchar contra esto puede parecer una dura batalla, pero de repente se sentirá más ligero una vez que libere las vibraciones que le hacen caer, y le permitirá pensar desde un plano superior que puede ayudarle a cambiar de perspectiva.

Una vez que consiga entrar en sus Registros Akáshicos, específicamente en los Registros Personales, busque entrelazamientos kármicos asociados con su familia, raza, sistema de creencias y asociaciones similares. Dejarse llevar por tales asociaciones solo le hará sentirse molesto consigo mismo, impidiendo que su energía vibre adecuadamente. Usted es responsable de lo que siente y de la energía que produce, así que asegúrese de tener en cuenta no enredarse o embeberse demasiado en las vidas de los demás.

Los Registros Akáshicos y las emociones negativas

Debe entender que no tiene espacio para albergar todas las emociones al mismo tiempo. Esto significa que cuando esté en un estado de constante temor o preocupación por ciertas cosas, se reduce el espacio que puede ocupar la felicidad. Pero, tampoco es tan simple; esta ocupación puede generar muchas hebras de energía que pueden persistir y afectar la forma de pensar durante mucho tiempo. Estar constantemente estresado y preocupado le resta felicidad, pero también lo bloquea e incapacita para poder identificar la felicidad en el futuro.

Desde el punto de vista médico, el miedo y el estrés pueden causar mucho daño al cuerpo fisiológico. Desafortunadamente, esto puede encontrar la manera de traducir y transferir el daño al alma. No es un consejo vago decir que deje de preocuparse, nunca es tan simple. Pero debería ser consciente de las vibraciones y energías que permite absorber a su alma. Su energía interna no es frágil, pero puede moldearse rápidamente de forma peligrosa si se lo deja a las circunstancias.

Los Registros Akáshicos enfatizan fuertemente nuestra habilidad de recuperar nuestra esencia divina de las restricciones impuestas. Puede que no lo note ahora, pero con el tiempo notará cómo la conexión con cierta historia o narrativa puede procurarle sentimientos desagradables. Lo cual significa que en realidad es una elección. Debe tener cuidado de no polarizarse en un espectro demasiado amplio, y no debe desprenderse de todo para evitar las sensaciones desagradables. Reconozca sus emociones y trate de encontrar las causas más profundas que le llevan a tales sentimientos desagradables. Después de todo, estos sentimientos dependen de cómo reaccione.

Recuperar el poder

Mientras ve sus Registros Akáshicos, encontrará muchas formas de responder a la información. La clave para reclamar su poder es controlar hasta dónde le afectan. Dejar que sus sentimientos sean desproporcionados significa que está ignorando otro tema. La energía que ha bloqueado la circulación en su cuerpo está interrumpiendo el ritmo natural y tranquilo de otras frecuencias. Si se encuentra demasiado enfadado por asuntos que sabe muy bien que no deberían molestarle tanto, su alma está tratando de liberar mucha energía negativa que ha almacenado durante el tiempo.

Cuando vea sus emociones a través de los Registros Akáshicos, encontrará que es bastante fácil analizar y resolver un montón de situaciones que una vez le hicieron pasar un mal rato. Su energía no debe agotarse de repente cuando se enfrenta a un nuevo problema, siempre y cuando se mantenga consciente y al tanto de sus emociones. No deje que su víctima interior le quite el poder que tiene para resolver los problemas. Lamentablemente, esta víctima interior probablemente ha agotado su energía en innumerables vidas, pero una vez que pueda ver este patrón destructivo, podrá equilibrar la situación definitivamente.

Nuestra sociedad apenas nos da tiempo para pensar y actuar a nuestro propio ritmo, lo cual puede causarle muchos problemas al tratar con su yo interno. Utilice los Registros Akáshicos para acceder a una línea de tiempo que nadie puede afectar. Podrá usar su energía nueva para crear alegría y aquello que desee en su vida. Es bastante común que la gente detenga su camino cuando se siente víctima de circunstancias de las cuales no es responsable, pensando que el destino o la suerte le han forzado a la desgracia. Utilice los Registros Akáshicos para salir de este bucle destructivo que le impide mirar hacia delante y recuperar el control de su destino, en lugar de ser su esclavo.

La verdadera profundidad de la curación

La realización personal es la clave para desbloquear su proceso de curación. Trascender los patrones kármicos es el verdadero propósito espiritual que puede ayudarle a atraer alegría y otros sentimientos placenteros a su vida. No es fácil evitar la tentación de las redes de ilusiones que ofrece este mundo terrenal. Aquí es donde la realización personal entra en juego. Le permitirá entrar en sus Registros Akáshicos para curar las heridas del pasado y conectar mejor con su alma. La narración actual podría ser parte de las ilusiones que asolan el mundo. Si quiere seguir su verdadera narrativa, tendrá que recrearla desde el principio. Se sentirá más poderoso y en control de su vida cuando empiece a reformar sus patrones kármicos.

Los Registros Akáshicos serán su principal vínculo con la esencia divina dentro de sí. El vínculo que cree continuará la providencia de dones, talentos, sabiduría y el poder de ayudar a otros a ver las cosas según su verdadera naturaleza. Aunque usar los Registros Akáshicos no es la única forma de lograr lo que desea, sigue siendo la más rápida porque encontrará la sanación y no se verá obstaculizado por las ilusiones de la vida. Si se concentra en su karma, mientras ve los Registros Akáshicos, comenzará un proceso de curación constante que se intensificará gradualmente cuanto más reforme y resuelva sus patrones kármicos. Sus vibraciones se intensificarán notablemente a medida que empiece a trascender el plano terrestre.

Meditación

La meditación es uno de los fundamentos de la preparación espiritual antes de acceder a los Registros Akáshicos. El primer paso es definir una intención. Tener una intención definida y clara le mantendrá en su lugar a lo largo de todo el viaje a través de los Registros Akáshicos. Ya que aún está empezando, intente simplificar su intención para que sea directa y fácilmente de reconocer más adelante. Puede elegir algo que haya sucedido en su infancia, pero que todavía le moleste, aunque no debe ser una experiencia traumática o pesada. Establezca como objetivo desenrollar y desenredar este evento al entrar en los Registros Akáshicos.

Una vez que esté seguro de la intención, comience a relajar el cuerpo a través de respiraciones profundas y cerrando los ojos. El segundo paso importante es ir a planos más altos. Comenzando desde su corazón, trate de expandir lentamente sus sensaciones para engullir su entorno. La expansión de su conciencia no puede ser repentina; debe ser gradual porque puede distraerse fácilmente si no se mueve a un ritmo razonable. Su conciencia tiene el potencial de expandirse infinitamente, y lo ha estado haciendo desde hace bastante tiempo; antes de nacer, durante el sueño, la meditación y la muerte.

Empezará a sentirse más tranquilo cuanto más se expanda su conciencia. Si empieza a dudar de si ha alcanzado la expansión de la conciencia, vuelva a hacer el proceso. Si de repente siente que ve las cosas desde una perspectiva externa, es la oportunidad perfecta para explorar sus Registros Akáshicos. Empiece a analizar lentamente el evento y reconozca su importancia. Notará que hay espacio extra para dejar entrar la alegría. Sienta la felicidad y regocíjese en medio de las vibraciones de alegría.

Capítulo seis: Cómo sanar

Las turbulencias y los momentos de angustia son parte de la vida. En un momento de la vida, llegará a vivir una experiencia, no importa cuán grande o pequeña, que será un punto de inflexión. Será como una llamada de atención en la cual sentirá que es momento de tomar las riendas de su vida y empezar a buscar la curación. Curación de relaciones abusivas, de traumas causados por la pérdida de un ser querido, o tal vez del shock después de sobrevivir milagrosamente a un accidente mortal. En la mayoría de los casos, son los eventos monumentales que presencia en su vida los que le obligan a pulsar el botón de pausa y darse cuenta de que es hora de intentar superarlos activamente y seguir adelante con la vida que siempre imaginó tener. Sin embargo, en otros casos, la curación no se desencadena como una consecuencia obvia. Puede ser una sensación de inquietud y de falta de realización personal lo que le conduzca a hacer algo al respecto. Como hemos discutido en capítulos anteriores, el acceso a sus Registros Akáshicos puede ser de gran ayuda durante su proceso de curación. Descubrir información clave sobre sus vidas pasadas y los caminos de su alma le llevará a la raíz de algunos de los problemas con los que lidia en su vida actual. Mucha gente se siente atraída por los Registros Akáshicos por curiosidad; sin embargo, tienden a continuar esta práctica después de ver de primera mano cómo su viaje de curación ha mejorado y dado frutos. En este capítulo, hablaremos de la curación, lo que significa, cómo se puede lograr y el papel que juegan los Registros Akáshicos en este estado mental tan buscado.

¿Qué es la curación?

La curación de la que hablamos aquí no es física, es el tipo de curación que tiene lugar en un nivel subconsciente más profundo. Es la curación que arregla la angustia metafórica y las heridas del alma. Aunque esta curación espiritual depende de energías invisibles, cuando la alcance, pondrán toda su vida patas arriba. Cuando esté curado, empezará a ver el mundo con otros ojos. Aprenderá a lidiar con sus dolores y a superar las pruebas futuras porque tendrá las herramientas que necesita para curarse a sí mismo, y simplemente las recordará. A medida que avancemos, aprenderá que la aceptación y el amor son las piedras angulares de la curación. Todos los sanadores experimentados le dirán que a menos que se acerque a los Registros Akáshicos con aceptación hacia cualquier cosa que encuentre, no podrá cosechar los beneficios de esta poderosa experiencia. El Universo opera con gran precisión en todo lo que sucede, y estas cosas suceden por una razón. Es su responsabilidad darles sentido a sus experiencias de vida, y es exactamente por eso que necesita sufrir en primer lugar y luego buscar formas de curar. Se cree que el Universo usa el dolor para llamar su atención y hacerle saber que se está desviando de su camino destinado. Pero solo porque los registros existen y se espera que camine un cierto camino, no significa que su dolor sea ineludible, y que esté destinado a soportarlo por la eternidad. Como explicamos en capítulos anteriores, usted es libre de reescribir la historia de su vida actual si así lo desea.

El aspecto de la curación en los Registros Akáshicos

Basándonos en lo que hemos aprendido hasta ahora sobre los Registros Akáshicos, sus poderes de curación existen en su interior, todo lo que se necesita es una guía para aprovechar dichos poderes y ponerlos en movimiento. Cuando asiste a una lectura de los Registros

Akáshicos, el lector simplemente usa los registros como un medio para invitar a la energía de curación que existe en el Universo a entrar. Así que puede ver los Registros Akáshicos como una herramienta que le permite alcanzar la curación. Lo mágico de este proceso es cómo su mente captará de forma rápida la información curativa que percibe durante una lectura. Sentirá que ha estado allí antes, y sabrá exactamente lo que se debe hacer. Lo que sucede durante las lecturas es que se están desenterrando capacidades y conocimientos de su subconsciente profundo hacia el consciente más superficial, para poder utilizarlos en la vida real. Aprender que uno era una reina en la época medieval puede ser razón suficiente para convencerse de cambiar sus formas de autodefensa, que le están causando mucho dolor y saboteando sus relaciones. Lo más interesante es que la curación que busca a través de los Registros Akáshicos puede funcionar al revés. Puede que necesite trabajar en la curación de su yo anterior para que pueda reflejarse en el presente.

Los registros arrojarán luz sobre las cargas y la pesadez que le afligieron en vidas pasadas y que viajaron hasta su vida actual. En tales casos, tendrá que enfocarse en trabajar el pasado para que pueda darse la mejor oportunidad de disfrutar de un futuro completamente sanado. Los Registros Akáshicos tienen más propósito de lo que se piensa, le permitirán ver lo que necesita para sanar los dolores específicos que sufre en el momento en que los alcance. Dada la abrumadora cantidad de datos que contienen, sería inútil someterse a su inmensidad; en cambio, están ahí para ayudarle y acompañarle mientras sana. La idea es fascinante y hace hincapié en el hecho de que cuando se trata de curar su alma, todo lo que realmente necesita es «uno mismo» con todas sus capas complejas manifestadas en diferentes dimensiones.

Cómo sanar

Ahora que hemos llegado a la esencia de este capítulo, es hora de ver las diferentes formas de curación por las que los Registros Akáshicos pueden guiarle:

- Encuentre respuestas sobre su vida

Entre los millones de preguntas que pasan por su mente a diario, hay unas más urgentes que llaman su atención y son lo suficientemente importantes como para instarle a buscar respuestas. Tales preguntas pueden ser acerca de sus orígenes, quiénes fueron sus ancestros y cómo esto está afectando su vida. También podría preguntarse sobre su vida amorosa y si debería iniciar una relación con cierta persona. Las respuestas a estas preguntas solo existen más allá de nuestro mundo físico. Los Registros Akáshicos pueden ayudarle a encontrar lo que busca; es el único lugar donde puede encontrar información sobre su linaje y evidencia de si su potencial pretendiente es su alma gemela o no. Esto le dará la ventaja que necesita para curar traumas pasados o cortar lazos con un compañero inadecuado para que pueda alcanzar la satisfacción. Tal vez pensó que estaba destinado a ir por la vida a ciegas tomando decisiones monumentales que impactarán en todas las áreas de su vida. Sin embargo, ahora debe saber que tiene la opción de invocar los poderes de los Registros Akáshicos e inclinar la balanza a su favor.

- Limpiar el desorden

Como todas las personas, seguramente es culpable de permitir que sentimientos y energías negativas entren en su vida. Tal vez ha estado recurriendo a la violencia e infligiendo dolor a los demás, así como a sí mismo, sin querer, o por razones fuera de su control. Mirando a través de los Registros Akáshicos, puede finalmente tener las respuestas que necesita para identificar la fuente de este comportamiento y tener la oportunidad de arreglarlo. Muchas personas que sufren de trastornos de comportamiento similares a menudo encuentran que el abuso ha sido parte de sus vidas pasadas, y nunca han llegado a aceptar que es un defecto con el que deben lidiar. Es una oportunidad única para limpiar el desorden que se ha ido acumulando y reemplazarlo con cualidades más amigables que le permitirán sanar para ser la persona que en el fondo sabe que es.

- Libere su potencial

Como mencionamos antes, tal vez su viaje de curación no sea para corregir los errores, sino para acceder a su potencial pleno. Vivir una vida limitante que no honra el potencial con el que usted está bendecido de manera única como individuo, puede ser su dolencia. Se dará cuenta por los Registros Akáshicos de lo especial que es y de cuántas áreas de su personalidad están por desarrollarse. Este poderoso conocimiento de sus propias capacidades lo liberará de la prisión auto impuesta que lo está encajonando en una vida menos satisfactoria que la que le corresponde. Es curioso cómo a veces necesitamos algún medio externo para tener una mirada más clara y dar más sentido a lo que se encuentra en los rincones más profundos de nuestros seres.

- Hágase amigo de su alma

No hay posibilidad de vivir en armonía a menos que su mente, cuerpo y alma estén alineados. El equilibrio es la ley más poderosa que rige nuestra existencia; cuando se interrumpe, inmediatamente siente que hay algo malo en su vida. Su problema puede ser descrito como un simple desequilibrio. Sin embargo, no se puede decir lo mismo de la magnitud de esta turbulenta relación que tiene con su alma. A través de los Registros Akáshicos, llegará a entender cómo, comparado con su alma, su cuerpo es un bebé. Su alma, por otro lado, ha ido acumulando sabiduría a través de su viaje, así que necesita buscar enmiendas. Muestre a su alma el respeto que merece y no la ignore como una mera «voz interior», aprenda a escuchar y beneficíese de sus lecciones. Pasará por diferentes situaciones en las que su mente ha llegado a una cierta decisión, pero su alma no está del todo a bordo; este es exactamente el momento en el que sentirá el dolor que tiene que atender. No luche contra su alma; aprenda a dejar que se salga con la suya para que pueda avanzar en su viaje de curación.

- Abra sus ojos a las posibilidades

Una vez que reconozca la inmensidad de este Universo, y las infinitas posibilidades que tiene para ofrecer, será menos probable que acepte la derrota y estará inspirado para sanar y empezar de nuevo. Durante las regresiones de los Registros Akáshicos, puede llegar a vivir una de las muchas vidas posibles que potencialmente puede disfrutar, o que tuvo en algún momento. Esta demostración transformadora le obligará a ver su vida actual como un lienzo en blanco que podrá pintar y repintar, cómo y cuando quiera. Dejará de verse a sí mismo como una víctima de las circunstancias que le rodean y podrá elegir explorar las miles de posibilidades que le esperan.

- Afirman que se está en el camino correcto

Mientras que las posibilidades que tiene son infinitas, su cuerpo, por desgracia, no lo es. El tiempo no está de su lado, así que, si quiere asegurarse de llegar lo más lejos posible en su viaje de curación, necesitará algunas señales de afirmación. Esta vez, los Registros Akáshicos pueden proporcionar algunas señales para hacerle saber si realmente está en el camino correcto. Al tirar de los registros del futuro y abrir una ventana a su yo del futuro, será capaz de tomar mejores decisiones en el aquí y ahora. Este conocimiento reconfortante será lo suficientemente bueno para que sienta que está dando lo mejor de sí mismo y que trata de asegurarse de que está cumpliendo con lo que se espera de usted.

- Cultivar la energía positiva

La energía está siempre en movimiento, y ese constante estado de flujo siempre cambia sus características y su naturaleza. Necesita asegurarse de que siempre deja paso a la energía positiva para que fluya a través de su vida. Esta es una parte importante de la curación, saber cómo atraer el tipo correcto de energía cuando más lo necesita. Dada la naturaleza evasiva de la energía, esta puede ser una de las partes más difíciles de su viaje. Sin embargo, una vez más, los Registros Akáshicos pueden echarle una mano mostrándole exactamente dónde tiende a quedar atrapada la energía para que pueda despejar la obstrucción y ayudarla a viajar a través de ella. Cuando aprenda a acceder a sus registros de forma más fácil y rápida, esta misión, que parece imposible al principio, se hará mucho más obvia para usted, de modo que podrá señalar inmediatamente dónde necesita ponerse a trabajar.

• Reconozca su fuerza

No puede decir que está completamente curado a menos que haya captado completamente su propia fuerza. Necesitará esta comprensión para apoyarse cuando quiera someterse a una curación mayor. Los Registros Akáshicos confirmarán que puede aprovechar su fuerza como lo hizo antes y como lo seguirá haciendo en el futuro. Así es como su proceso de curación puede llegar a su fin.

• Detener los patrones de sus vidas pasadas

Si recuerda, hemos hablado extensamente sobre vidas pasadas en el capítulo 4 de este libro, y cómo afectan al proceso de curación. Cuando los Registros Akáshicos descubran patrones antiguos y persistentes, podrá tener una idea más clara sobre sus áreas de dolor. Es importante señalar que aprender a dominar la habilidad de escanear su pasado para hacer los cambios necesarios para la curación llevará algo de tiempo, paciencia y coraje para escarbar en los viejos archivos.

• Sentir que pertenece

Las conexiones que llega a sentir con el Universo y todas las criaturas, humanas y de otro tipo en esta vida, es lo que le revelará el acceso a los Registros Akáshicos. Como ser humano, siempre querrá sentir que pertenece a algo más grande, lo cual es un poder curativo. Saber que no está solo y que tiene todo el apoyo que pueda necesitar es un agente para la recuperación, y será capaz de curarse completamente.

La curación es un proceso continuo; no se hace una sola vez y se piensa que debería durar toda la vida. Se necesita compromiso y mucho trabajo para poder crear una práctica de curación que pueda funcionar para usted una y otra vez. Cada día que vive, hay un dolor potencial esperando a interrumpir su paz y tomar el control de su vida. A menos que sepa cómo lidiar con este dolor, y cómo abordarlo plenamente sabiendo que ya se tienen todas las herramientas necesarias para conquistarlo, estará detenido en su camino. Si va a intentar una lectura de los Registros Akáshicos, debe saber que necesita estar bien preparado para lo que pueda aprender. Por ello mucha gente va a regañadientes, subestimando sus poderes, y acaban decepcionados pensando que «no funciona para ellos», o entran en un estado de shock después de ser abrumados por su intensidad. En el próximo capítulo, aprenderá todo lo necesario para estar preparado a acceder y leer sus Registros Akáshicos.

Capítulo siete: Cómo acceder y leer sus Registros Akáshicos

Es posible que ahora tenga curiosidad por saber cómo puede finalmente acceder y leer los Registros Akáshicos. El proceso de leer sus propios registros y los de alguien más puede ser muy diferente. Sin embargo, este capítulo se centra en la lectura de sus propios registros. Antes de empezar a usar la Oración del Camino para acceder a los registros, necesita seguir algunas reglas simples para asegurarse de que sus lecturas se realicen sin problemas.

Reglas a tener en cuenta al acceder a los Registros Akáshicos

El alcohol y las drogas le impiden

El alcohol y las drogas no solo distorsionan su percepción de la realidad, sino que también afectan las vibraciones y el aura de su alma. Cuando no está completamente en control de sí mismo, su campo de energía se distorsiona. Durante cualquier lectura de los Registros Akáshicos, el objetivo del lector debe ser descubrir la verdad. Sin embargo, esto no puede lograrse si su percepción no está en estado óptimo. Además, es bastante irrespetuoso entrar en el

Reino Akáshico en tal estado. Recuerde, estará en presencia de los Señores, Maestros, Profesores y seres queridos.

Aunque ellos solo tienen amor puro por usted, no debe dar por sentado el regalo que le están dando. Así que, es mejor alejarse de las drogas y el alcohol al menos 24 horas antes de intentar una lectura. Por supuesto excluiremos de la regla los medicamentos recetados. Necesita que su medicina prescrita se mantenga en forma, así que tiene sentido seguir tomándola, aunque intente leer su historial. Tenga la seguridad de que cualquier medicamento prescrito no debe tener ningún impacto en la calidad de su experiencia en el Reino Akáshico.

Su nombre legal importa

Los nombres son entidades poderosas, y no debe subestimar el poder que posee su nombre. Todos los nombres tienen vibraciones variables, y al usar su nombre legal, sus registros sabrán que es usted y le permitirán buscar el conocimiento del Reino Akáshico. Cuando intente abrir sus Registros Akáshicos, siempre debe usar su nombre legal completo, no cualquier variación que use a diario. Esto significa que debe evitar el uso de apodos también cuando abra los Registros. Sin embargo, hay algunas excepciones a esta regla. Por ejemplo, si se ha casado recientemente y ha tenido que cambiar su apellido y tomar el de su marido, puede que todavía sienta que su nombre no refleja realmente quién es usted. Debido a que su nuevo apellido no se ha integrado completamente en su alma e identidad, puede optar por utilizar su apellido original. Del mismo modo, si ha contemplado recientemente la posibilidad de divorciarse o se siente insatisfecha con su matrimonio, también puede utilizar su apellido de soltera sin ninguna consecuencia.

La inmersión durante la lectura de los registros es crucial

Cuando abre los Registros Akáshicos, su estado de conciencia cambia a medida que va más profundo. Por lo tanto, debe pasar suficiente tiempo en los registros para llegar a ese estado de conciencia. Tómese el tiempo de observar lo que pueda ver, oír o incluso oler. El Reino Akáshico ofrece una experiencia nueva y excitante, así que debe sacar lo mejor de ella. Intente permanecer entre 15 minutos a una hora completa en el Reino Akáshico para sentirlo. Nada le impide pasar más de una hora en el Reino Akáshico. Sin embargo, sus lecturas no deben interferir con su productividad o la vida en general. Los registros están ahí para guiarle, no para distraerle. Para evitar que se desvíe, mantenga sus sesiones entre 15 minutos y una hora para obtener los máximos beneficios.

Mezclar rituales no es el mejor enfoque

Puede que ya esté practicando otros rituales; la lectura de sus registros no debería verse afectada si no mezcla los rituales. Algunos rituales, por ejemplo, requieren que ingiera psicodélicos u otras drogas para llevar su percepción al siguiente nivel. Sin embargo, como se mencionó en un punto anterior, las drogas, el alcohol o cualquier sustancia que altere su percepción puede ser peligrosa cuando se trata de leer los Registros Akáshicos. Aunque también es libre de seguir otros rituales, siempre es mejor no mezclarlos con la lectura de sus registros, especialmente si sus reglas van en contra de las de la lectura de los registros. Incluso si sus reglas no se contradicen entre sí, mantener sus sesiones de lectura y otros rituales separados siempre da mejores resultados.

Algunas preguntas funcionan mejor que otras

Cuando intenta acceder a sus registros por primera vez, es fácil sentirse abrumado. Los Registros Akáshicos ofrecen un nuevo reino de vasto conocimiento, así que puede que no sepa qué preguntas hacer. Algunas formas de preguntas funcionan mejor que otras. Las preguntas de sí/no no funcionan bien porque los Señores, Maestros, Profesores y Seres Queridos no dan respuestas definitivas, para que no influyan en su opinión. Aunque quiera preguntar a esos seres conocedores sobre lo que debe hacer, nunca le darán una respuesta directa. Si hace una pregunta de sí/no, ¡probablemente seguirán su pregunta con más preguntas! Haciendo esto, le llevarán a un viaje de auto-reflexión a través del cual podrá encontrar la respuesta por sí mismo. En este sentido, siempre es mejor hacer preguntas que empiecen con el cómo, el qué o el por qué. Digamos que tiene dudas sobre su relación romántica actual y no está seguro de si usted y su pareja están listos para casarse. En lugar de preguntar, «¿Deberíamos casarnos?» puedes decir, «¿Cómo será nuestro matrimonio?» o «¿Cómo afectará el matrimonio a nuestra relación?». Este tipo de preguntas generalmente le permiten obtener mejores perspectivas y respuestas útiles.

El papel de los Señores, Maestros, Profesores y seres queridos

A lo largo del libro, los Señores, Maestros, Profesores y Seres queridos de los Registros Akáshicos han sido mencionados unas cuantas veces. Aunque ahora puede adivinar lo que hacen, todavía necesita entender completamente sus papeles antes de leer sus registros por primera vez. No solo tienen diferentes roles, sino que también tienen diferentes naturalezas.

Los Señores de los Registros

Los Señores de los Registros son la máxima autoridad en el Reino Akáshico. Son los guardianes de los Registros y sus protectores. Son entidades hechas de luz, y su único objetivo es enriquecer a la humanidad y mejorar la vida de las personas, ayudándoles a alcanzar su ideal divino. Como son responsables de mantener a salvo los Registros Akáshicos, tienen el poder de aceptar o rechazar la entrada de la gente al Reino Akáshico. Sin embargo, los Señores no lo hacen para despojar a la gente de su derecho a leer sus propios registros, sino porque podrían no estar preparados para hacerlo.

La lectura de los Registros Akáshicos requiere un gran poder espiritual y un pensamiento flexible, lo que podría no ser factible para todos en el momento actual. Además, cuando se hace una pregunta, pueden elegir retener la información si piensan que no es prudente dar esa información en ese momento. Los Señores no se revelan a usted, sino que pasan la información a los Maestros, Profesores y seres queridos que, a su vez, ayudan a guiaros. Los Registros Akáshicos de todos están custodiados por los Señores, lo que significa que los Señores no te son asignados específicamente.

Los Maestros

Los Maestros también son seres hechos de luz. A diferencia de los Señores, cada Maestro está asignado a un grupo específico, lo que significa que los Maestros no tienen una responsabilidad universal como los Señores, sino que se centran en los individuos. Incluso si ha reencarnado una docena de veces, sus Maestros siguen siendo los mismos. Por esta razón, puede sentirlos familiares cuando está ante su presencia. Piense en los Maestros como los guardianes de su alma; ellos solo quieren que su alma crezca, gane más experiencia y aprenda lecciones específicas. De acuerdo con sus necesidades, cuando abre los registros, los Maestros pueden pedir la ayuda de ciertos Profesores y Seres Queridos que pueden ayudarle en sus esfuerzos.

Los Profesores

Los Profesores son un poco diferentes de los Maestros o Señores cuando se trata de su historia pasada. Se suele afirmar que han sido seres humanos normales en otra vida antes de elegir ayudar a otras almas a alcanzar su ideal divino. Como se ha explicado en el punto anterior, los Maestros llaman a los Profesores en base a sus necesidades. Esto significa que puede tener diferentes Profesores cada vez que abra sus registros.

Los Profesores son específicos para cada lección, lo que significa que, una vez que aprenda una lección, ellos se irán, y otros Profesores tomarán su lugar para enseñarle una nueva lección. La identidad de los Profesores en vida es objeto de debate, ya que algunos expertos creen que eran personas normales que por casualidad tenían un gran poder espiritual, mientras que otros creen que eran figuras influyentes. Independientemente de estas opiniones opuestas, los Profesores prefieren mantener su identidad en secreto porque creen que esta información es irrelevante para el viaje de su alma hacia el crecimiento.

Los seres queridos

Los seres queridos fueron gente normal alguna vez. No solo eso, sino que también estuvieron atados a usted antes de su muerte. Sus seres queridos pueden ser parientes, amigos o incluso conocidos fallecidos. No importa cuán breve haya sido su relación cuando estaban vivos; debe saber que sus seres queridos eligieron intencionalmente guiar su viaje. De manera similar a como actúan los Profesores, los seres queridos también piensan que es mejor no descubrir sus verdaderas identidades. Sin embargo, pueden hacerlo si creen que puede ser beneficioso durante una lectura específica. Sus seres queridos no suelen estar presentes todos a la vez; se turnan para apoyarle durante cada lectura.

Una guía de cómo puede leer sus registros

Entendiendo la Oración del Camino y el papel de los Señores, Maestros, Profesores y Seres queridos, es finalmente el momento adecuado para acceder a sus registros y tomar el control de su destino. Tenga en cuenta que, dados los preparativos adecuados, el proceso de lectura de sus registros debería ser fácil. Para asegurarse de que puede acceder a sus registros verdaderamente, realice los siguientes pasos.

Encontrar el lugar correcto

A medida que avance, podrá acceder a sus registros en cualquier lugar y en cualquier momento. Sin embargo, para el propósito de este capítulo, asumiremos que es la primera vez que abre los Registros Akáshicos. Por lo tanto, esto requerirá encontrar un lugar tranquilo donde pueda concentrarse. No importa si el lugar está en el interior o en el exterior mientras le ofrezca una sensación de privacidad. También puede quemar algo de incienso para crear el ambiente y ayudarle a relajarse. Si tiene mascotas o niños, asegúrese de que no le molesten durante la sesión de lectura. Además, puede poner algo de música clásica si prefiere no quedarse en una zona completamente tranquila.

Meditación

Este paso es crucial si se quiere obtener una lectura akáshica precisa. Meditar es una gran manera de centrarse y de enraizarse. Cuando se entra en el Reino Akáshico, se busca liberarse de sus preocupaciones diarias, y para lograrlo, necesita mantener su mente en blanco. Para algunas personas, puede resultar difícil simplemente desconectarse y relajarse. Sin embargo, al practicar la meditación durante unos minutos antes de cada sesión, puede alcanzar un estado de nirvana interior que le ayudará a comunicarse bien con sus Maestros, Profesores y seres queridos.

Lectura de la Oración

La Oración del Sendero crea un puente a través del cual se puede llegar al Reino Akáshico. Al leer la oración inicial, intente leer el primer y último párrafo en voz alta. Cuando los registros estén finalmente abiertos, no haga demasiadas preguntas a la vez. Como es la primera vez que lee los Registros Akáshicos, debe sentir el Reino Akáshico, lo que significa que no debe hacer ninguna pregunta al principio. Intente asimilar todo lo que pueda, y cierre los registros después de 15 minutos.

Enfocando una pregunta

Después de que se dé cuenta de lo que ofrecen los Registros Akáshicos, puede reabrirlos después de diez minutos más o menos. Ahora, es el momento adecuado para hacer su pregunta. Como ya se ha explicado anteriormente, evite las preguntas de «sí/no» y las peticiones directas de consejo. Además, necesita concentrarse en una pregunta a la vez. Debido a que tiene registros del pasado, presente y futuro, debe decidir qué parte de la línea de tiempo eterna quiere mirar. Tener esta claridad es importante si quiere una lectura fluida. Recuerde, sus Registros Akáshicos están siempre presentes, así que no se preocupe si no puede reunir sus pensamientos ahora. Puede volver a ellos más tarde cuando tenga más claridad sobre las preguntas que quiere hacer.

Enraizamiento después de cada lectura

Su conciencia cambia cuando accede a los Registros Akáshicos. Puede pensar en ello como algún tipo de trance. Por lo tanto, es vital que vuelva a su estado normal de conciencia cuando cierre los Registros. Para volver a sí mismo y reanudar su día, necesita encontrar una actividad que requiera toda su atención, algo que no pueda hacer sin pensar. Puede hacer algunos estiramientos o ejercicios, cocinar, hablar con un amigo o jugar con su mascota. Bajo ninguna circunstancia debe saltarse este paso. La conexión a tierra es una parte extremadamente importante de cada sesión de lectura.

Practicando su nuevo talento

Sí, acceder a los Registros Akáshicos es un talento. Todos nacen con la habilidad innata de acceder a sus registros, pero solo aquellos que practican lo suficiente pueden obtener una lectura correcta siempre. Por esta razón, necesita abrir sus Registros Akáshicos tan a menudo como pueda, especialmente durante el primer mes. También puede practicar su nueva habilidad leyendo los registros de otras personas, de lo que hablaremos en detalle en el próximo capítulo. En cualquier caso, no ignore sus Registros Akáshicos por mucho tiempo, ya que necesita acostumbrarse al cambio de conciencia que el proceso requiere cada ocasión.

Llevar un diario

Como aprenderá muchas cosas durante su estancia en el Reino Akáshico, necesita documentar su experiencia en detalle. Llevar un diario es una gran forma. No solo le permitirá describir su experiencia en ese reino, sino que también le ayudará a llevar un registro de todos los sentimientos que pueda experimentar. Además, puede anotar las respuestas, las posibilidades futuras y la orientación que recibió durante sus lecturas. No dude en escribir cualquier otra pregunta que quiera hacer durante su próxima sesión. Esto le ayudará a identificar los registros pasados que deben ser reescritos, los patrones actuales que desea cambiar y las posibilidades futuras que desea evitar o aprovechar.

Capítulo ocho: Lectura para otros

La diferencia entre leer sus Registros Akáshicos y leer los de alguien más

Hay algunas diferencias fundamentales entre abrir y leer sus propios Registros Akáshicos y ayudar a alguien más a leer sus registros. Cuando lee para otros, hay algunas pautas que debe seguir. Tales pautas son muy diferentes de las que hemos establecido en el capítulo anterior. Leer los registros de otra persona es tanto un honor como un privilegio, así que debe estar preparado para esta responsabilidad. Aquí hay algunas pautas que puede seguir para ofrecer una lectura akáshica exitosa:

El consentimiento es crucial

Los Registros Akáshicos contienen cada pensamiento, emoción, acción e intención de una persona. Son los registros de su vida, y también contienen registros del pasado. Como puede deducir, dejar que otra persona lea sus registros puede hacerle sentir vulnerable porque les está confiando cada detalle de su vida. Por lo tanto, es extremadamente importante no obligar a la lectura a nadie. Necesita obtener el consentimiento explícito de la persona si quiere darle una lectura akáshica. No intente manipularlos para que le den permiso.

De hecho, es preferible que sus clientes o seres queridos vengan a pedirle una lectura, y no al revés.

A medida que gane más experiencia, podrá discernir las necesidades de los demás y descubrir si realmente necesitan una lectura. En última instancia, no es su elección. Si la otra persona muestra alguna duda, significa que los Señores de los Registros no creen que sea el momento adecuado para que esa persona sepa más. Independientemente de la decisión final de la persona, es necesario seguir dándole amor y apoyo.

La discreción es la clave

Esto no hace falta decirlo, pero tenemos que asegurarnos de que se es consciente del secreto que cualquier lectura akáshica implica. Como se mencionó anteriormente, los registros de una persona contienen una descripción de toda su vida. Cuando se es elegido para ayudar a alguien a saber más sobre sí mismo, se convierte en su guardián secreto. Por esta razón, debe probar a esa persona que ha hecho la elección correcta cuando confió en usted, manteniendo un código de secreto. Esto significa que nunca debe divulgar ninguna información sobre las lecturas que da a otros, incluso si no está revelando detalles estrictamente privados. A veces, podría querer contarle a la gente sobre su experiencia de crecimiento y cómo está usando su talento para ayudar a otros. Sin embargo, es mejor guardárselo para usted mismo, a menos que la persona esté de acuerdo en compartir los detalles de sus sesiones. Póngase en su lugar; ¿le gustaría que otra persona compartiera sus datos más privados con extraños?

La claridad importa

Las personas que dan a otros lecturas akáshicas a menudo informan que no entienden completamente la información o las imágenes que se les presentan. Bueno, tenga la seguridad de que esto es completamente normal. Ya que está leyendo los registros de otra persona, no todo lo que va a ver o escuchar va a tener sentido. Sin embargo, es su deber informar a la otra persona lo que ha visto. Le sorprendería si ellos pudieran encontrarle sentido. En cualquier caso, es crucial que sea amable, comprensivo y respetuoso al presentar la información. Mantenga sus lecturas libres de juicios y hágalas un lugar seguro para cualquiera que necesite su ayuda.

Los menores son fácilmente influenciables

Nunca debe intentar abrir los Registros Akáshicos de un menor porque todavía están en formación. Si intenta realizar una lectura akáshica a un menor, se arriesga a influenciarlo y a cambiar su futuro de alguna manera, especialmente si opta por abrir sus registros futuros. Además, esto implica un dilema moral aún mayor: el tema del consentimiento. Los menores no tienen la madurez mental necesaria para consentir, por lo que cualquier intento de obtener su permiso se considera coacción. Entonces, ¿qué debe hacer si los padres de un menor le piden que abra su expediente? La respuesta corta: debe decir que no. Sin embargo, puede obtener su permiso para acceder a sus propios registros si tienen alguna pregunta sobre cómo pueden mejorar sus métodos de crianza. De esta manera, puede seguir ayudando a los padres y respetar los derechos del menor al mismo tiempo.

Sus emociones pueden enredarse

La objetividad es vital cuando se le da a alguien una lectura akáshica. Ya que se le va a presentar información íntima sobre sus vidas, esta se debe ver y transmitir de forma objetiva. Intente eliminar sus propias emociones de la ecuación para evitar molestar a la otra persona. Tampoco debe dar a la persona consejos directos basados en lo que ha visto en sus registros; debe permitirle la libertad de elegir cómo va a usar la información que le ha dado. Si nota que se molesta, o incluso se enfada, cuando la gente no sigue sus consejos, entonces debe tomarse un descanso de dar a otros lecturas akáshicas hasta que sienta que puede abordar las sesiones con imparcialidad.

Qué hacer si no puede obtener el consentimiento de una persona

Puede que se encuentre con resistencia o dudas al pedir a otros que abran sus Registros Akáshicos. Aunque esto puede indicar que no es el momento adecuado en la mayoría de los casos, la resistencia o la vacilación a la que se enfrenta puede ser fácilmente remediada. Si no puede obtener el permiso de una persona para leer sus registros, hay dos cosas que se pueden hacer.

Tranquilizarlos

Lo más fácil es aliviar las dudas que la otra persona pueda tener. La resistencia de la persona a dejarle abrir sus registros puede deberse a algunas ideas erróneas que tenga sobre los Registros Akáshicos, en general. Pueden pensar que no son reales o que acceder a los Registros los pondrá en un peligro innecesario. Primero usted debe entender de dónde viene la otra persona para ayudarle a superar sus miedos y dudas. En la mayoría de los casos, tener una charla sincera sobre la naturaleza y los méritos de la apertura de los Registros Akáshicos convencerá a la persona de darle su permiso.

Abrir sus propios registros

Si ha llegado a un callejón sin salida y no puede conseguir el permiso de la otra persona por mucho que intente tranquilizarla, entonces es hora de dar un paso atrás y respetar sus deseos. Sin embargo, esto no debe impedir que siga dándole su apoyo en todo lo que necesite. Abrir sus propios registros es un gran medio para hacerlo. Al abrir sus registros y hablar con sus maestros, profesores y seres queridos, puede preguntarles cómo se puede ayudar a esa persona a alcanzar su ideal divino. Sus maestros, profesores y seres queridos le proporcionarán formas efectivas de ayudar a que el alma de la otra persona crezca y aprenda nuevas lecciones incluso si no puede abrir sus registros ahora.

Cómo realizar una lectura akáshica para otra persona

Después de seguir las directrices anteriores y de tranquilizar a la persona acerca de la seguridad de abrir sus Registros Akáshicos, ahora puede acceder y leer sus registros. Necesita usar el Proceso de Oración del Camino mencionado en el tercer capítulo. Sin embargo, la forma en que lea la Oración será un poco diferente. Aquí hay un desglose del proceso completo:

Prepararse a sí mismo

Cuando intenta abrir los archivos de otra persona, siempre debe prepararse primero. Necesita dejar de preocuparse, especialmente si normalmente está plagado de pensamientos de insuficiencia. La principal diferencia entre leer sus propios registros y leer los registros de otra persona es que usted podría sufrir de pánico escénico cuando llegue el momento de realizar una lectura. Para solucionar esto, debe poner las necesidades de la otra persona en primer lugar, lo que significa que debe centrarse en cómo la lectura les beneficiará a ellos en lugar de centrarse en sus propias emociones. Puede meditar durante unos minutos para aliviar el estrés y prepararse para comenzar la sesión.

Abrir y cerrar los registros

La forma en que lea la Oración del Camino debe reflejar que quiere hacer sentir a la otra persona a gusto. El primer párrafo de la oración de apertura siempre debe ser leído en voz alta para señalar su intención de abrir los Registros Akáshicos. Por otro lado, el segundo párrafo trata de los sentimientos personales del lector - usted - por lo que no debe ser leído en voz alta. Al leer el segundo párrafo, usted llama activamente a Dios para que le proteja del egoísmo y le ayude a mantenerse centrado en la lectura. El tercer párrafo es donde se encuentra el mayor cambio.

Basándose en los capítulos anteriores, ahora debe ser consciente de la importancia de usar el nombre legal de la persona al abrir sus registros. Sin embargo, como no se quiere hacer sentir a la persona fuera de lugar, se puede utilizar su nombre o incluso su apodo cuando se lea el tercer párrafo en voz alta. Luego, se puede volver a leer el párrafo subvocalizándolo, utilizando el nombre legal de la persona. Finalmente, la última línea siempre debe ser leída en voz alta, ya que indica que ha abierto con éxito los Registros Akáshicos. Mientras que la oración de apertura es diferente cuando se le da la lectura a otra persona, la oración de cierre es la misma. Así que, después de obtener la información que se necesita, lea todas las líneas de la oración de cierre en voz alta para mostrar su gratitud a los maestros, profesores y seres queridos.

Enraizarse en la tierra

Su conciencia cambia al abrir los Registros Akáshicos, y luego vuelve a su estado normal al cerrarlos. Puede notar que, después de cerrar los registros de la persona, todavía siente algunas emociones residuales de la lectura. Al entrar en los registros de la persona, experimenta sus vidas pasadas y sus problemas de primera mano. Por lo tanto, podría sentirse un poco desorientado incluso después de cerrar sus registros. Sin embargo, no tiene nada de qué preocuparse. Al encontrar una actividad que requiere toda su atención, o lo que llamamos una actividad de conexión a tierra, puede dejar ir todo el residuo que la sesión de lectura haya dejado.

Cosas que puede hacer para asegurar la integridad de la lectura

Encuentre un lugar tranquilo

Su objetivo como lector akáshico debe ser encontrar la verdad, y esto requiere un área tranquila donde pueda concentrarse. Si está llevando a cabo la lectura en su casa u oficina, asegúrese de que el área esté libre de distracciones y ruidos. Por otro lado, si va a realizar la lectura en la casa de la persona, debe pedirle que prepare un área tranquila de antemano. Si los Registros Akáshicos están abiertos, debe asegurarse de que nada pueda distraerlos a ambos. Como puede ver, cada lectura akáshica requiere una preparación seria.

Tenga cuidado al dar lecturas remotas

No tener a la otra persona en la misma habitación no significa que no pueda abrir sus registros. Se pueden hacer lecturas remotas en línea o por teléfono. Sin embargo, debe asegurarse de que su tecnología está a la altura de la tarea. Debe asegurarse de que su teléfono o portátil está completamente cargado. Además, debe comprobar su conexión a Internet para evitar cualquier problema de conexión durante la sesión. Según lo que la persona necesite, puede pedirle que grabe la sesión, así que asegúrese de que tiene una cámara funcional.

Quite las finanzas del camino

No hay que avergonzarse por cobrar una tarifa por sus lecturas. De hecho, podría convertir sus talentos en una profesión a medida que se vuelva más avanzado y sintonizado con la energía del Reino Akáshico. Si ya ha elegido cobrar una cuota, asegúrese de cobrarla antes de empezar la lectura, solo para quitarla del camino. De esta manera, puede concentrarse únicamente en acceder a los registros de la otra persona y ayudarla a alcanzar su ideal divino. Sin embargo, no recomendamos que cobre una cuota directamente después de abrir sus propios registros por primera vez. Ofrezca lecturas gratuitas durante los primeros dos o tres meses, ya que necesita suficiente práctica para poder justificar el cobro de una tarifa por sus lecturas.

Tenga listo un conjunto de preguntas

Al igual que cuando lee sus propios registros, necesita tener en mente preguntas específicas cuando lee los registros de otras personas. Por supuesto, no podrá hacer una lista de preguntas que necesite hacer en nombre de la otra persona sin discutirlo primero con ella. Por lo tanto, necesita pedirle a la persona que prepare las preguntas que quiere hacer. Con este espíritu, debe elaborar la diferencia entre las formas de preguntas y cuáles funcionan mejor que otras.

Si aun así obtiene una lista llena de preguntas de sí/no, puede discutir con la otra persona sobre cómo puede parafrasear tales preguntas y convertirlas en preguntas que empiecen con el por qué, el qué y el cómo. Del mismo modo, debe hacer saber a la otra persona que no podrá hacer preguntas personales sobre alguien más a menos que comparta una relación con ese individuo. En cualquier caso, la información que obtendrá sobre la otra persona se limitará al contexto de su relación.

Repita la oración del camino

A pesar de sus mejores intentos, puede que todavía sienta que hay una barrera invisible entre usted y los registros de la persona. Además, sus emociones pueden enredarse en la lectura, impactando negativamente su imparcialidad. Si esto sucede, puede leer la Oración del Camino de nuevo para deshacerse de cualquier energía negativa o tensión que pueda estar sintiendo. El trabajo de la Oración es clarificar su aura y ayudarle a ver la verdad, así que cuando tenga dudas, repita la Oración, y luego continúe donde lo dejó.

Los beneficios de leer los Registros Akáshicos de otros

Ganando más experiencia

Cuanto más tiempo pase en el Reino Akáshico, más experiencia se gana, y más fácil se hace cambiar su conciencia cuando sea necesario. Esto no solo le permitirá ayudar a otros a alcanzar su ideal divino, sino que también mejorará sus propias lecturas personales en el futuro. A medida que pase el tiempo, el acceso y la lectura de sus registros se hará más fácil. No solo eso, sino que también será capaz de obtener una lectura precisa siempre. Así que, incluso si no obtiene ninguna ganancia monetaria por ello, la lectura de los registros de otras personas puede ayudarle a ser más experimentado con el Reino Akáshico.

Estar más atento a las necesidades de los demás

A medida que realice más y más lecturas para los demás, notará que está más en sintonía con sus necesidades. Será capaz de transmitir la información que se le ha dado tan suave y respetuosamente como pueda. Además, su percepción irá más allá de este reino físico, ya que será capaz de ver a otras personas a la luz de los Registros Akáshicos. Esto significa que será capaz de amar a todas las almas por igual sin ningún prejuicio. También, se deshará de cualquier patrón de comportamiento prejuicioso que haya podido tener en el pasado y lo reemplazará con un amor y aceptación inequívocos.

Capítulo nueve: Ejercicios y Meditaciones

Acceder a sus Registros Akáshicos le ayudará a mantenerse alineado con su verdadero propósito. Una vez que se conecte con su alma y entienda la razón de su existencia, será más fácil encontrar una vía de escape de la mente preocupada, egoísta y temerosa. Los diferentes ejercicios de meditación están diseñados principalmente para enseñarle las preguntas más beneficiosas que puede hacer para fortalecer su conexión con sus Registros Akáshicos. De esta manera, tendrá una conexión más profunda, que le proporcionará la guía que está buscando. Puede adaptar estos ejercicios para que se ajusten a su vida, experiencia y deseos. Estos ejercicios de meditación pueden ayudarle en todos los aspectos de su vida; personal, profesional, e incluso con sus relaciones románticas. Sin embargo, no tienen ningún valor si no puede abrir su mente y su corazón a la verdad y a la guía, le ayudarán a desbloquear.

Ejercicio 1: Abra su centro cardíaco

Este es el primer ejercicio en el que debe sumergirse para escapar de la mente que reverbera con miedos, problemas y dudas. Silenciar su mente le permitirá estar más abierto a toda la información y el poder que desbloqueará al acceder a sus Registros Akáshicos. Los principiantes que no están acostumbrados a la meditación o a abrir sus centros cardíacos pueden dominar esta técnica con algunos pasos sencillos, como dejar que sus músculos se relajen hasta que ya no puedan sentir sus cuerpos y empiecen a sentir que sus mentes se tranquilizan. Agradezca el progreso que logra hasta que llegue a un punto en el que ya no se distrae con un tren aleatorio de pensamientos y dudas. Todo lo que necesita es estar presente ahora con comodidad y facilidad mientras respira profundamente sin prisa.

1. Intente inhalar y exhalar lo más calmada y lentamente posible. Con cada respiración que pase, trate de dejar ir sus preocupaciones y permita que sus pensamientos se alejen.

2. Fíjese adónde le lleva su tren de pensamiento sin interrumpirlo ni tratar de forzarlo a concentrarse en ningún pensamiento. Esté atento a cómo cada pensamiento le hace sentir mientras se lo saca de la cabeza.

3. Cierre los ojos y respire profundamente otra vez. Esta vez trate de visualizar sus pensamientos alejándose como una nube ingrávida hasta que desaparezcan en el vacío.

4. Respire profundamente otra vez y trate de relajar los músculos de la cara tanto como pueda. Asegúrese de que sus hombros y su espalda no estén rígidos. Trate de liberar cualquier tensión de su mente y cuerpo simplemente respirando profundamente.

5. Mientras se relaja aún más, intente dejar que su mente se deslice suavemente hacia el centro de su corazón. Deje que su mente flote pacíficamente hacia el centro de su corazón donde la tranquilidad y la serenidad emanan. En este punto, debería empezar a tener un sentido de amor divino vibrando en lo profundo de su corazón.

6. Permita que la chispa del amor divino se convierta lentamente en una llama que encienda cada parte de su cuerpo y alma.

7. Sumerja su cuerpo en la paz y la luz que irradia su corazón, llenándolo.

8. Debe sentir una sensación de familiaridad y comodidad que irradia desde el centro de su corazón a través de todo su cuerpo hasta que empiece a sentirse conectado a su espíritu eterno que está abierto a recibir guía e inspiración.

9. Siempre que esté en un estado de agitación, o si necesita la experiencia calmante, recurra a la paz interior. Esta es su eterna fuente de tranquilidad que nunca deja de existir.

Ejercicio 2: Limpiando los registros del tiempo

Para poder limpiar los registros de tiempo y espacio, es importante identificar los momentos de su vida en los que a menudo se sintió desafiado. Necesita ser consciente del patrón de todos los días, semanas, estaciones, eventos o incluso años que siente que le trajeron la mayoría de los desafíos que no puede superar. Puede buscar la ayuda de su Diario de Registro para anotar estos eventos en notas claras para conectar los puntos y alcanzar un patrón claro con el que pueda trabajar.

1. Comience con los comportamientos, pensamientos y emociones que sintió en esos momentos. Asegúrese de enumerar todos aquellos difíciles que está tratando de eliminar de sus registros.

2. Al mismo tiempo, empiece a enumerar todos los pensamientos y emociones agradables con los que le gustaría reemplazar sus energías negativas.

3. Después de haber identificado un claro patrón temporal de todas las emociones negativas que quiere despejar, visualice un reloj con todos los períodos de tiempo que tiene en mente. Es entonces cuando podría empezar a notar muchas imágenes o escritos de los eventos que está tratando de borrar, desplegándose ante sus ojos.

4. Sin dudarlo, vea cómo borra todas estas imágenes, pensamientos y escritos hasta que su reloj sea tan claro como el cristal.

5. Asegúrese de prestar mucha atención a las palabras que comenzarán a aparecer en su mente. Concéntrese en borrar todas las palabras negativas que puedan penetrar en sus pensamientos. Luego,

intente reforzar las emociones y energías positivas, como el placer, la relajación, la realización, la felicidad y los logros felices. Visualice su reloj con tonos coloridos e imágenes alegres de usted mismo mientras experimenta su vida de la manera que desea.

6. Después de haber llenado su reloj con los momentos felices a los que aspira, es hora de reescribir todas las terribles experiencias pasadas que le gustaría cambiar. Anote en su diario de registro todas las dificultades que ha pasado y las emociones que evocan en su corazón.

7. Escriba cómo le gustaría abordar estos tiempos difíciles y las diferentes creencias y actitudes que piensa que le ayudarían.

8. Sea amable consigo mismo mientras recuerda todos sus errores. Ponga en práctica el auto-empoderamiento, la auto-evaluación positiva y la paz mental. Supere el auto-desprecio y todos los pensamientos crueles con los que se ha criticado constantemente.

9. Después de que haya trazado un camino claro de todas las experiencias que quiere reescribir y los diferentes enfoques que le gustaría tomar, comience a meditar con respiraciones lentas y profundas.

10. Visualice una imagen clara del lugar donde pasa constantemente por estas malas experiencias. Imagínese borrando todas las sombras oscuras que vagan por él con la afirmación en mente de que está dejando ir todo y cualquier apego tóxico que alguna vez pudiera haber tenido hacia ese lugar.

11. «Soy libre y cómodo, tengo una historia, pero no soy mi historia». Repita estas palabras en su mente o incluso en voz alta mientras imagina el lugar en cuestión.

12. Después de que empiece a sentir una ola de tranquilidad que calma su cuerpo, empiece a visualizar una versión más vibrante y feliz del lugar, encendida por una hermosa luz cálida que está despejando toda la oscuridad que una vez vivió allí.

Cuando su propósito se acumula

Cada vida que pasa nos trae diferentes experiencias a través de las cuales nos dirigimos a nuestro propósito. Explorar estas experiencias y satisfacer nuestros propósitos son nuestras únicas puertas de entrada al crecimiento emocional y, en consecuencia, a la evolución de nuestras almas. Estas experiencias forman lentamente un mapa hacia nuestra alma para guiarnos hacia adelante en la vida. Con el paso del tiempo, nos volvemos más complejos en términos de nuestras mentes, emociones y reacciones. Se hace más difícil comprender nuestros sentimientos, motivaciones, e incluso nuestro verdadero ser. Por lo tanto, se encuentra tanta gente que sufre de imágenes distorsionadas de sí mismos que les empujan a dudar de su propia percepción de la realidad.

Una parte crítica de la investigación de los registros es la comprensión de nuestras capas complejas. Para curar y avanzar, debemos despegar estas capas. Esto no solo nos ayudará a entender nuestros propósitos, sino que también nos guiará para tener una idea clara de quiénes somos realmente. Este viaje de exploración de la verdad del alma le dará finalmente la tan esperada curación de los dolores pasados y presentes.

Cuando cierta situación, emoción o reacción no saludable persiste, entonces debería darnos una clara señal para empezar a mirar al pasado para poder entender el presente. La única jugada inteligente en estas situaciones es mirar las causas y razones por las que su karma insiste en volver. Solo entonces podemos empezar a comprender la forma correcta de mirar en nuestras almas para liberarnos de estos ciclos negativos. Mientras que algunos patrones son más difíciles de desarrollar, todavía puede cambiar su pasado, presente o incluso su futuro con un simple acto. Una vez que consiga hacer el poderoso cambio de poder y energía, podrá empezar a deshacerse de más problemas y emociones negativas con cada paso de este iluminador viaje. Estar menos cargados con las dificultades que tuvimos en nuestro pasado nos permitirá estar más abiertos a los cambios que nuestro futuro está teniendo, para empoderarnos y liberarnos.

Ejercicio: Desplegar el pasado

Después de que haya entendido el poder que tiene el despliegue de las capas de reacciones y emociones complejas para entender nuestro verdadero ser, tiene que empezar a precisar dónde parece que todo va mal. Este ejercicio puede ser agotador, pero es necesario para la curación y para poder avanzar.

1. Cierre los ojos y respire profundamente.

2. Deje que su mente se desvíe a los momentos de su vida en los que se sintió frustrado, triste y agitado sin entender la razón de su miseria. Después de acceder a sus registros y desplegar las diferentes capas de sus emociones, la mayoría de la gente encuentra que hay una raíz maligna detrás de toda su miseria. Es entonces cuando las piezas del rompecabezas deberían empezar a juntarse.

3. Cree un mapa en su mente de los diferentes eventos difíciles y su reacción a ellos. Preste mucha atención a los momentos difíciles que se repiten. ¿Tiene la sensación de que hay una cierta energía que está bloqueando su camino hacia la felicidad? ¿Tiene la sensación de que hay un cierto evento que está compensando? ¿Pagando su precio?

4. Determine cuáles son los obstáculos que se interponen entre usted y su felicidad, la riqueza, el encontrar el verdadero amor, la creatividad que anhela, e incluso la curación que necesita desesperadamente.

5. Empiece a identificar el patrón que se está formando frente a sus propios ojos.

6. Con cada inhalación y exhalación profunda, permítase retirarse de estos momentos difíciles.

7. Aquí es cuando debería enfocar toda su atención en relajar su cuerpo y vaciar su mente.

8. Mirar en los registros del pasado, presente y futuro es fácil cuando entiende que todo el tiempo está sucediendo y vibrando a la vez.

9. Concentre toda su atención en abrir la fuente de cada problema por el que ha pasado, cada sentimiento negativo que ha experimentado y cada pensamiento maligno que ha llegado a su mente.

10. Se dará cuenta de que hay un cierto acontecimiento en el que su mente parece volver a circular a pesar de su esfuerzo por salir de él.

11. Una vez que haya definido ese evento que no puede ignorar, deje que su mente lo explore más a fondo, desplegando cada aspecto de él.

Ejercicio: Ver los registros de vidas pasadas

Este ejercicio está diseñado para ayudarle a acceder al Templo Sagrado y a su Pantalla de Registro Akáshico para presenciar un evento de su vida pasada. No se trata de una experiencia aleatoria que ya haya ocurrido en su vida pasada. Debe estar conectado con su intención enfocada. Asegúrese de seguir atentamente el guion después de haber preparado su mente, corazón y alma para estar abierto a cualquier tipo de información en la pantalla de su guía de Registros Akáshicos. Este es un proceso de meditación que abarca dos fases diferentes, en lugar de un solo ejercicio. Puede volver a hacer este ejercicio siempre que sea necesario para abordar la misma experiencia más de una vez, o diferentes experiencias que le gustaría explorar más a fondo antes de empezar con la segunda parte de esta experiencia que implica reescribir y cambiar lo que necesita ser alterado. Puede usar esta técnica para curar todo tipo de traumas, cicatrices emocionales y energías negativas en sus registros.

• Como cualquier ejercicio de meditación, comience poniendo su cuerpo y mente en un estado de relajación. Empiece a contar de seis a uno. Con cada número descendente, recuerde respirar profundamente mientras empieza a sentirse sumergido cada vez más en un profundo estado de tranquilidad. Sin forzarse, deje que su mente flote suavemente hasta su Templo Sagrado, donde normalmente encuentra gran comodidad y paz mientras se siente profundamente conectado con su alma.

• Piense en su Templo Sagrado como una piscina en la que sumerge lentamente su cuerpo con cada número que cuenta. Con cada inhalación, concéntrese en una cierta parte de su cuerpo. Con cada exhalación, enfóquese en relajar los músculos del cuerpo.

• Seis: Relaje los músculos de la cara, dejando ir cualquier tensión, especialmente en la zona de la frente y las cejas.

• Cinco: Concéntrese en aflojar los músculos tensos de sus hombros.

• Cuatro: Sienta sus respiraciones profundas llenando el área del abdomen como un globo. Luego exhale lentamente para sentir que su estómago vuelve poco a poco a su estado original, como si se desinflara un globo gradualmente.

• Tres: Suelte cualquier tensión en la parte inferior de su cuerpo, apreciando todas las veces que sus piernas han soportado su peso.

• Dos: A medida que su cuerpo comienza a sumergirse más profundamente en la relajación, intente dejar ir todas sus preocupaciones, inquietudes y miedos. Deje que su mente caiga en el centro de su corazón para poder sentirse más tranquilo y relajado.

• Uno: Mientras siente su cuerpo y su mente flotando lentamente en su Templo Sagrado, cabalgue esta cálida ola de relajación para tener visiones de su vida pasada y poder sanar su vida actual.

Reescribir las experiencias de vidas pasadas

Esta es la parte del mismo proceso de meditación en la que puede utilizar la información que ha recogido de la primera parte para romper el ciclo negativo y liberar cualquier energía que quiera dejar ir. Esta parte dependería de la reescritura de los registros de cualquier evento y sus resultados, incluso si se experimentaron durante largos períodos durante su vida pasada. Durante esta parte, debería centrarse en darse una nueva explicación o un enfoque diferente, uno que pueda darle poder en esas situaciones para cambiar los sentimientos de impotencia que sintió en el pasado.

• Llegue a su lugar favorito donde puede encontrar la paz y la tranquilidad que necesita en este viaje.

• Comience su sesión de meditación relajando su cuerpo y su mente para tener acceso directo a ver la pantalla que ya desplegó del ejercicio anterior.

• Vuelva a contar de seis a uno hasta que su cuerpo entre en el mismo estado que antes.

• Esta vez, tiene la oportunidad de desplegar el evento en cuestión de forma diferente. En lugar de desplegar las capas de una experiencia traumática que lo deja débil y tembloroso, puede abordarlo de forma proactiva para tener la ventaja.

• En lugar de volver a visitar el evento con dudas y miedo, embárquese en la experiencia con confianza llenando su recipiente para tener el poder de cambiar lo que necesita para reescribir su propio pasado, presente y futuro.

Bono 1: Once poderosas oraciones akáshicas para transformar su vida

No tiene que decir necesariamente la oración akáshica para poder cosechar los beneficios curativos y transformadores de los Registros Akáshicos. Pero, cuando todavía está empezando su viaje, las oraciones pueden hacer maravillas para su cuerpo y su alma, dándole profundos resultados que pueden tardar años en conseguirse con otros tipos de meditación. Las oraciones y ejercicios akáshicos mencionados en este capítulo están tomados de fuentes akáshicas antiguas y modernas.

1. La oración de permiso

«Al estar en la luz producida por esta divinidad, ofrezco humildemente mi cuerpo como un recipiente para que la energía fluya dentro y a través de mí. Por favor, acepten mi petición de acceder a los Registros Akáshicos».

Esta oración se usa diariamente antes de intentar acceder a sus Registros Akáshicos. Aunque no es necesaria, es muy útil porque empieza a ser humilde y a perder su ego para poder ver con claridad.

Recuerde que sus Registros Akáshicos contienen una cantidad infinita de información y energía; es aconsejable preparar su mente y su alma para mantenerse enfocado y evitar que lo abrumen.

El permiso que está pidiendo no está exactamente dirigido a una fuerza externa. Solo está tratando de comunicarse con lo divino que ya está dentro de usted. Puede que al principio no sea consciente de tal divinidad, pero a medida que el tiempo avanza, empezará a sentir su presencia en su interior al acceder a los Registros Akáshicos.

2. La Oración de Alineamiento

«Fuente, universo, alma, espíritu y lo divino, por favor escúchenme cuando pido que me guíen a través de la más brillante y elevada de las vibraciones. Déjenme entender lo que la verdad realmente significa. Lo que sea que reciba, que sea mi mayor ayuda en esta vida».

Es importante alinear sus objetivos mientras revisa los Registros Akáshicos. Debe hacerse múltiples preguntas sobre las verdaderas intenciones y razones del viaje. Esta oración también le recordará que es un ser que puede trascender las redes mundanas de ilusiones.

Las instrucciones que pide no significan que no pueda encontrar el camino por sí mismo una vez que esté en los Registros Akáshicos. Son como un tótem que sigue mirando a través de su viaje para recordar lo que le hizo venir aquí en primer lugar. La oración le ayudará a evitar quedarse atrapado en bucles e ilusiones creadas en el pasado, además de centrar su dirección a lo largo del viaje.

3. La oración del avance

«Madre, Padre, Dioses, Ancestros, Antiguos, ayúdenme a cortar los lazos de las vidas pasadas. Dejen que mis heridas sanen con el tiempo. Denme el coraje para liberar esta energía atrapada dentro de mí y dejar que la luz entre en mi alma. Repondré mi vieja energía estancada con energía desbordante. Dejen que el río de luz pase a través de cada grieta de mi alma.»

Esta oración le permitirá tomar prestadas las energías de su familia y de los seres divinos que rodean el espacio a su alrededor. Su alma puede absorber diferentes formas de energía de múltiples fuentes. Úsela en su beneficio mientras esté en los Registros Akáshicos. Mientras que las energías a su alrededor son infinitas, las probabilidades de usarlas todas son escasas. Tomar prestado de los seres divinos de dentro y fuera le ayudará a sincronizar el flujo de energías a través de su alma.

4. La Oración de la Responsabilidad

«Ya no sigo los caminos que me permiten perder la responsabilidad. Por lo tanto, elijo no culpar a nadie más por lo que me aqueja, en el futuro, pasado y presente. Soy el creador de mi propia experiencia humana. Controlo el poder de crear mi propia experiencia divina, y nunca transferiré esta responsabilidad a alguien o a otra cosa».

Uno de los principales problemas que enfrentamos al tratar de resolver nuestros problemas más profundos es cambiar la culpa de lo que pasamos. Y esto nunca le ayudará a seguir adelante. Lo que ha sucedido ha sucedido, y no hay absolutamente ninguna necesidad de que consuma su energía al revivirlo y pensar en ello. Asuma la responsabilidad no por herirse a sí mismo sino como aceptación de lo que siente. Lo que haya sucedido en su pasado es probablemente algo de lo que no es responsable, pero es su responsabilidad cambiar la forma en que reacciona ante ello.

5. La Oración de Expulsión

«Dios, Diosa, Madre, Ancianos, necesito vuestra ayuda para limpiarme de energías que no me pertenecen. Mi cuerpo, mi aura y mi campo energético están llenos de energías, y sé que no me aportan ningún beneficio. Ayúdenme a liberar esta energía y enviarla al campo divino, donde podría ser mejor utilizada. Déjenme llenar mi espíritu y mi cuerpo con las energías más personales y divinas».

Llevar la energía de otros sin saberlo puede suponer una gran carga para usted. La acumulación de energías dentro de su alma le impedirá alcanzar frecuencias de vibración más altas. Esto no significa que los tipos impersonales de energía le afecten negativamente. Al contrario, algunas energías pueden ser transferidas de otras personas para ayudar en su viaje en los Registros Akáshicos.

El tipo de energías que lleva pueden pertenecer a personas que murieron hace miles de años. Soldados, reyes, sirvientas, niños y muchas otras personas que están conectadas a usted a través de patrones kármicos pueden dejar una huella de por vida en su energía. Depende de usted liberar y expulsar estas energías para tener una nueva oportunidad de crear su propia forma completa y perfecta de energía.

6. La oración de los patrones de energía

«Humildemente invoco los poderes del Arcángel Miguel y las Divinidades Akáshicas de los Reinos. Solo con su ayuda podré desatar las redes de sombras que escapan a mi comprensión. Ayúdenme a limpiar las interferencias de los patrones kármicos que rodean mis pensamientos y vibraciones. Limpien las energías traídas a las dimensiones infinitas a través de planos infinitos. Permítanme moldear mis propios patrones kármicos con vibraciones más altas. Dejen que esas energías fluyan hacia el espacio infinito, para siempre».

Esta oración es más una oración de expulsión que de protección. Las energías que interfieren negativamente en el proceso akáshico a veces pueden ser demasiado fuertes para expulsarlas. Recuerde que la masa de esta energía puede ser insuperable, por lo que puede que necesite recurrir al poder de seres divinos. Su generosidad es simplemente asombrosa. Una vez que recite esta oración, notará inmediatamente cómo las bajas vibraciones negativas escapan de su cuerpo.

Los patrones de energía kármica son conocidos por ser problemáticos debido a sus antiguos poderes. Aunque puede ser capaz de reformar esos patrones de acuerdo con lo que quiere atraer, probablemente le llevará algún tiempo si elige no pedir ayuda. Esta oración se recomienda para los principiantes porque los patrones kármicos se abordan mejor con mucha concentración. Los Registros Akáshicos pueden y le mostrarán cómo los patrones de energía pueden interferir en el camino de su alma. Pero cambiar esos patrones dependerá de usted.

7. Oración de Influencia Ancestral

«Escúchenme, por favor, seres akáshicos de lo divino. Es vuestra ayuda la que necesito para romper las cadenas que han esclavizado mi alma durante cientos de años. Déjenme regocijarme en la nueva luz, sin las restricciones de las cadenas que han pasado a mi alma. Mi cuerpo duele mientras absorbe cantidades de conciencia que pesan más de lo que puede manejar. Dejen que mi conciencia absorba toda mi herencia ancestral, y que sea consciente de las generaciones pasadas y futuras. Que solo se rompan los lazos negativos y quede nada más que la energía de la unidad con lo divino».

La influencia de la familia ancestral fluye muy profundamente a través de cada alma en la tierra. Es imposible rechazar toda la energía que fluye a través de un vínculo que se extiende por toda la eternidad. Pero es posible rechazar y expulsar las energías que dañan el alma. Esta oración le ayudará a tomar el control de las energías que extrae de sus orígenes ancestrales. Cada alma es diferente, pero encontrará buenos y malos vínculos en la ascendencia de cada una.

Esta tarea no es fácil, por lo que usará los poderes de los seres akáshicos de la luz. Son fuerzas antiguas que controlan el flujo y la masa de energía a través de infinitos niveles del mundo espiritual. Le ayudarán a notar dónde se encuentran sus puntos de vulnerabilidad ancestral. Desengancharse de los lazos negativos de los ancestros le hará sentir la luz y podrá crear nuevos recuerdos espirituales.

8. La Oración del Cielo

«Como el poder de lo divino fluye a través de mí, sé que puedo crear con gracia lo que mi corazón desee. Manifestaré los poderes de la creación para que mis deseos más profundos del cielo en la tierra lleguen a existir. Mi propósito es convertirme en uno con el universo, y finalmente fluir como energía a través de sus interminables creaciones».

Uno de los poderes más fuertes de los Registros Akáshicos es su capacidad de manifestar «el cielo en la tierra». Concentrar energías de magnitudes infinitas permite al ser divino crear y atraer lo que realmente reside en las partes más profundas de su alma. La alineación akáshica de las energías le permite cambiar las energías de baja vibración según su voluntad. El tipo de energía que puede emanar a través de esta oración le ayudará a modificar su entorno externo.

9. La Oración de lo Desconocido

«Padre, Madre, Dios, Divinidad, Seres Antiguos, háganme saber lo que necesito saber para estar a salvo. Si no es posible, entonces por favor déjenme liberar la energía asociada con mi miedo a lo desconocido. Finalmente me moveré libre de preocupaciones y dudas mientras renuncio a mi miedo a lo desconocido».

Una de las peores restricciones de los humanos es su miedo a lo desconocido. Por naturaleza, los humanos no suelen ser conscientes del efecto de las energías que el futuro les depara. Este miedo a lo desconocido puede obstaculizar su progreso e impedir que alcancen sus objetivos porque se paralizarán por el miedo. Cuando se halle en un estado de perturbación, use esta oración al entrar en los Registros Akáshicos porque le ayudará a estabilizar las bajas vibraciones.

10. La Oración de la Alegría

«Seres divinos de la luz, por favor déjenme ver los placeres de este mundo en su forma más verdadera y pura. Recuérdenme cómo disfrutar de los actos simples que una vez me alegré de realizar. Dejad que los rayos del sol me hagan suaves cosquillas en la piel, y que el viento sople de nuevo suavemente sobre mi cabello».

Si hay algo que debe buscar en los Registros Akáshicos, es su propia felicidad y la de quienes le rodean. Afortunadamente, el acceso a los Registros Akáshicos reduce muchas de las tensiones que tiene, eliminando una enorme carga que puede impedirle ser feliz y alegre. Mucha gente piensa que alcanzar la felicidad es una tarea como la que se le dio a Sísifo, empujar una roca por la eternidad, para que caiga cada vez que llega a la cima. Pero en realidad, conseguir la felicidad es mucho más simple.

Acceder a los Registros Akáshicos a través de esta oración eliminará el cinismo y el pesimismo que la gente tiene cuando se siente deprimida. Entenderán que no existe un estado permanente de energía, y que puede ser constantemente modelado y reformado de acuerdo a la voluntad del individuo. No caiga presa de la creencia de no estar en control de sus condiciones. Intente asumir la responsabilidad de sentirse feliz mientras respira. Sí, puede que no esté permanentemente feliz, pero al menos podrá mantenerse en una línea de base muy cercana.

11. La oración de sanación

«Madre, Padre, Dios, Diosa, Antiguos, Divinos seres de luz, por favor sostengan mi espíritu mientras trato de curar el daño hecho a mi alma. Permítanme recibir la energía de limpieza en múltiples dimensiones y permítanme usar toda la energía que me han dado para arreglar lo que se ha roto. Dejen que la luz encuentre el camino hacia las heridas antiguas y recientes y que fluya desde dentro para restaurar mi alma y mi cuerpo a su estado más perfecto».

Esta oración puede ser usada diariamente, y es especialmente importante si siente que está deprimido y es incapaz de resolver los problemas que plagan su día. Le permitirá tomar prestado el poder de los seres divinos que pueden ayudar a guiar la energía a para superar lo que le aqueja. Ya sea una herida emocional o física, podrá sanarla rápidamente si deja que los Registros Akáshicos restauren la vibración a su estado original y perfecto.

Bono 2: Introducción y guía para la lectura del tarot Akáshico

A pesar de su gran importancia como mapa crítico de nuestras almas, el Tarot comenzó como un simple juego de salón para el entretenimiento. El origen de las cartas de tarot, tal y como las conocemos hoy en día, se remonta al siglo XIV. Los artistas en Europa crearon la primera baraja sin la intención de crear una herramienta adivinatoria, pero accidentalmente crearon una de las más poderosas. Solo tenían la intención de crear un entretenido juego de cartas. La asociación entre estas cartas y la adivinación comenzó a aparecer en el siglo XVI o a principios del XVII. Sin embargo, su uso era de una naturaleza mucho más simple que ahora.

A lo largo de los siglos, específicamente a principios del siglo XVIII, el tarot logró establecer su importancia como herramienta de adivinación. Se empezaron a hacer sugerencias sobre el posible significado de cada carta, estableciendo sus propósitos adivinatorios. Hoy en día, la magia de estas cartas ha atraído a más y más gente para finalmente establecer el tarot como el más popular entre los diferentes tipos de lecturas psíquicas.

Una visión general básica

La gente no se siente atraída por el Tarot solo por su facilidad de uso; no es tan fácil como leer las hojas de té u otros métodos como los péndulos. Su gravedad radica en el poder que tiene para comprender nuestro yo superior y ser una puerta fiable para interpretar lo que el futuro nos depara. Si todavía no está familiarizado con el concepto de adivinación y sus diferentes herramientas, podría tener la impresión errónea de que las lecturas del tarot son inequívocas al leer el futuro. Sin embargo, la verdad es que, aunque las cartas del tarot son lo más cercano que tenemos a las máquinas del tiempo, todavía no pueden usarse como método de adivinación por todos. Tenga en cuenta que comprender el concepto y seguir las directrices del tarot es fácil con la práctica, pero hacer lecturas precisas no es un trabajo sencillo; no todo el mundo posee este talento.

El tarot Akáshico

Lo que comenzó como una simple baraja de cartas se convirtió en cientos y miles de opciones diferentes. Puede encontrar barajas de cartas basadas en obras de arte famosas como películas, series, libros y más. Sin embargo, hay una baraja que ha resistido el paso del tiempo, y es la baraja del tarot Akáshico.

Es una de las barajas más significativas y poderosas disponibles. La gravedad que tiene radica en el hecho de que es la única baraja diseñada para acceder a los Registros Akáshicos y desbloquear su profunda energía y abundante fuente de información. Esta herramienta es una de las más poderosas que ofrecen un claro acceso a los más altos poderes místicos y mágicos que abarcan los Registros Akáshicos. Puede usar esta baraja para acceder a grandes campos de sabiduría y buscar orientación en diferentes aspectos de su vida.

Mantenimiento de las cartas

Lo más importante que debe tener en cuenta es proteger sus cartas del tarot de cualquier daño físico y mantenerlas limpias de energías negativas y malignas. Hay algunas formas de hacerlo, desde consagrar el mazo, envolver las cartas en un pañuelo de seda, protegerlas en una pequeña caja, o ponerlas en una bolsa de tela protegida por un cordón. Algunas personas prefieren recurrir a una combinación de estos diferentes métodos para salvarlas de cualquier daño que pudiera ocurrirles.

¿Cómo consagrar sus herramientas mágicas?

En la antigua Wicca y en las modernas tradiciones paganas, todas las herramientas mágicas deben ser consagradas antes de cualquier intento de usarlas para interactuar con la Divinidad. Este ritual puede realizarse aun después de haber sentido y jugado con el mazo para expulsar cualquier energía negativa que pudiera envolver las cartas. Este método resulta especialmente útil en situaciones en las que no está seguro de la historia de sus herramientas mágicas, en términos de sus antiguos propietarios o de quién las usó antes de que llegaran a su camino. Sin embargo, debe tener en cuenta que algunas herramientas específicas no requieren ninguna consagración antes de su uso. Algunos practicantes ven la consagración como un ritual innecesario que podría interrumpir su flujo de energía natural y confundir las direcciones energéticas conscientes e inconscientes. Antes de limpiar sus cartas, algunas personas prefieren conocer la baraja tocándola y sintiéndola.

Tenga en cuenta que no hay una forma correcta o incorrecta de hacer un ritual o incluso el propósito sólido al hacerlo. Algunas personas prefieren consagrar sus herramientas mágicas y sus joyas, ropa y el propio altar. Los artículos usados para este ritual son bastante simples; necesitará una vela blanca, una taza de agua, incienso y un tazón de sal. Cada artículo representa un elemento y una dirección para convocar a los poderes del Norte, Sur, Este y Oeste con los guardianes del Aire, Fuego, Tierra y Agua. Dibuje un círculo si necesita completar el ritual y limpiar sus herramientas de cualquier dueño pasado o energía oscura.

Cartas de tarot Akáshico como regalo

Hay tres creencias diferentes cuando se trata de recibir una baraja de tarot como regalo.

Algunos adivinos creen que las barajas de tarot pierden su magnificencia y valores espirituales cuando se reciben de otra persona. Estos lectores tienen reglas estrictas contra la aceptación de cartas de tarot como regalo. Sin embargo, hay una excepción a esta regla. Si una persona en la que confía se las regala como un gesto puramente de corazón, entonces no hay una razón de peso para devolver el regalo. Pueden ser usadas después de una buena limpieza y consagración.

Algunos lectores tienen la firme creencia de que las cartas del tarot nunca deben ser compradas. Deben ser recibidas como regalo de personas con quienes tienen fuertes conexiones, por los poderes mágicos del amor.

Otros lectores no se preocupan por el origen de sus barajas, independientemente de si las compran o las reciben como regalo. La fuente no hace ninguna diferencia mientras las cartas estén limpias de cualquier energía negativa, y no tengan una sensación extraña para ellos. Lo importante es la conexión que construye con su mazo y la precisión de sus lecturas, más que su fuente.

Una visión general de la lectura del tarot Akáshico

Los métodos de lectura han cambiado y evolucionado a lo largo de los años. Como la lectura de las cartas del tarot es un proceso muy intuitivo, muchos lectores incluso adoptaron y desarrollaron sus propias formas de leer las cartas del tarot Akáshico. Jugaron con los significados tradicionales de los diseños de las cartas. Sin embargo, no podemos señalar un cambio significativo en las cartas mismas. Hay diferentes guías, libros y cartas útiles para los principiantes que aún intentan entender los fundamentos de la lectura. No obstante, se cree que el mejor camino para la evolución de su talento es empezar por sentir las cartas, sostenerlas y tratar de entender lo que le dicen. Sin embargo, hay que tener en cuenta algunos consejos básicos para conocer las cartas y protegerlas antes de empezar a tratar los diferentes aspectos para aprender a hacer una lectura del tarot Akáshico.

Si está tratando de familiarizarse con una nueva baraja de cartas del tarot Akáshico, la mejor manera de conocer la baraja es colocándolas bajo la almohada en la que duerme. De esta manera, las cartas adquirirán su energía personal.

Nunca deje sus cartas esparcidas por todos lados. Si lleva las cartas consigo, no puede tenerlas en el bolsillo o en el bolso. Manténgalas en su escudo protector hasta que llegue a su destino.

Muchos lectores no permiten que nadie más toque sus cartas, para evitar que absorban otras vibraciones que no sean las suyas. Otros prefieren que el lector baraje o corte las cartas antes de empezar a leer.

Después de limpiar sus cartas consagrándolas, puede limitar su contacto con cualquier energía al guardarlas con un cristal de cuarzo, que absorbe todas estas energías.

Si sus cartas han sido manipuladas por alguien y no se siente cómodo con su presencia, es mejor volver a consagrar sus cartas o dejarlas hasta que se sientan bien de nuevo.

Estos rituales de limpieza no son necesarios si no siente la necesidad de ellos. Sin embargo, si debe hacer estos o cualquier otro ritual de limpieza espiritual, es importante hacer lo que le parezca correcto. Una vez que se sienta cómodo con cómo se sienten sus cartas, notará cómo sus lecturas comenzarán a mejorar.

Guía para la lectura del tarot Akáshico

Al igual que cualquier herramienta de adivinación, no hay una forma correcta o incorrecta de usarla. Leer las cartas del tarot Akáshico es una intuición que podría diferir fácilmente de una persona a otra. El punto central es usar las cartas de una manera única que le permita moldear sus habilidades psíquicas. Hay un número diferente de diseños y tiradas que pueden ser alteradas y cambiadas para lograr la mayor precisión de su sesión de lectura. Los pasos para leer las cartas del tarot Akáshico para desbloquear su yo superior y abrir una ventana al futuro deberían comenzar por entender sus cartas.

1. Prepárese para su lectura interpretando las cartas

La cubierta se divide en dos grupos principales, Arcanos Mayores y Arcanos Menores. Para entender los fundamentos de una baraja tradicional, iremos a través de las tres partes de los Arcanos Mayores que consisten en 22 cartas, o triunfos. Antes de profundizar en el significado de cada una de estas cartas, necesitamos repasar rápidamente las cartas de los Arcanos Menores en las barajas del tarot Akáshico que resignifican los eventos de nuestra vida diaria. Cada grupo representa uno de los cuatro elementos esenciales.

* Los Bastos representan el fuego

1. As de Bastos

2. Dos de Bastos

3. Tres de Bastos

4. Cuatro de Bastos

5. Cinco de Bastos

6. Seis de Bastos

7. Siete de Bastos

8. Ocho de Bastos

9. Nueve de Bastos

10. Diez de Bastos

11. Sota de Bastos

12. Caballero de Bastos

13. La reina de las Bastos

14. Rey de Bastos

* Los Oros que representan a la Tierra

1. As de Oros

2. Dos de Oros

3. Tres de Oros

4. Cuatro de Oros

5. Cinco de Oros

6. Seis de Oros

7. Siete de Oros

8. Ocho de Oros

9. Nueve de Oros

10. Diez de Oros

11. Sota de Oros

12. Caballero de Oros

13. Reina de Oros

14. Rey de Oros

* También hay espadas que representan el aire, desde el as de espadas hasta el rey de espadas, y copas que representan el agua, desde el as de copas hasta el rey de copas.

Los Arcanos Mayores

* La primera parte: El mundo material (Cartas 0-7)

La primera parte significa el mundo material en cuanto al éxito laboral, educación, finanzas y matrimonio.

0. El Tonto: A pesar de lo que se pueda pensar, el tonto es el triunfo más sabio de los Arcanos Mayores, el que lo sabe todo. Representa la sabiduría, la iluminación y la guía. El tonto simboliza el espíritu eterno de la cubierta pintado con el alma del niño interior, la confianza y la inocencia. Da paso a un nuevo sentido, un nuevo ciclo o un nuevo capítulo de la vida.

1. El Mago: Esta carta es la representación del planeta Mercurio, con un símbolo de infinito sobre la cabeza del mago. Simboliza una gran maestría y control sobre todos sus procesos conscientes e inconscientes.

2. La Gran Sacerdotisa: Esta es la carta que representa las emociones en el tarot Akáshico con su simbolización de la intuición, el mundo de los sueños, la energía psíquica y todos los sentimientos e instintos. Ella es un espejo receptivo del inframundo y de todo lo que ocurre bajo la superficie. Esta carta se relaciona con el ciclo de la mujer en términos de fertilidad, el útero, y la magia que tienen las mujeres.

3. La Emperatriz: Esta carta se conecta con el planeta Venus. Es la diosa del amor y la gran madre de las cartas del tarot. Esta carta se relaciona con la belleza, las relaciones y la paz y tiene un lado artístico. Ella indica la maternidad y su relación con otras mujeres en su vida.

4. El Emperador: Esta carta del tarot viene con poder, autoridad, liderazgo, responsabilidad y acción. Otro lado de él es la creatividad masculina, la pasión y los nuevos comienzos. Es el padre, líder, esposo, figura de autoridad, o el hombre de su vida.

5. El Sumo sacerdote: Esta carta simboliza conexión con su Dios, el ángel guardián y su yo superior. Es una representación de la sabiduría práctica y la energía.

6. Los Amantes: Esta es la carta favorita de casi todos los que disfrutan de las lecturas del tarot. Indica una llave dorada para una variedad de elecciones y relaciones. La carta de los Amantes

representa el Cielo, la Tierra, la unión, el amor, la comunicación, la dualidad y el equilibrio entre las energías masculina y femenina que todos llevamos dentro.

7. La Carroza: Esta es la carta que combina el lado emocional con el cuerpo. Es una clara representación del control de las emociones, la necesidad de protección emocional, la familia, el cuidado y la alimentación.

2. Elija una sola carta

Antes de comenzar este ejercicio, tómese el tiempo para entender los significados y los diferentes símbolos que tienen las cartas. También debe prestar atención a los significados invertidos de las cartas cuando se ponen al revés o invertidas. Algunos lectores creen que cuando las cartas están invertidas, significa simplemente que sus significados también están invertidos. Por ejemplo, la carta de los Amantes representaría el odio, la inseguridad y el aislamiento en oposición a sus símbolos normales.

Este ejercicio es bastante simple. Todo lo que necesita hacer es sacar una carta de la primera parte de los Arcanos Mayores al azar cada día. A medida que pase el día, tome algunas notas de los principales eventos y cómo se relacionan con la carta que sacó del mazo temprano en la mañana. Algunos adivinos prefieren dedicar un cuaderno o llevar un diario por cada carta que sacan, con los puntos más destacados de sus días relacionados con cada carta. Así pueden reflexionar al final de cada semana sobre la carta que apareció más y qué cartas fueron más significativas que otras. Este ejercicio permite una comprensión mucho más fácil de la energía principal de sus registros y las experiencias que pintan su aura.

* La segunda parte: La mente intuitiva (Cartas 8-14)

Mientras que la primera parte de los Arcanos Mayores se centró en nuestras interacciones con el mundo exterior en lo que respecta a nuestra familia, amistades, amor, y las emociones e instintos implicados en las diferentes relaciones, la segunda parte es más sobre lo individual. Las cartas de este grupo se centran más en nuestros seres individuales que en tratar temas sociales. Esta parte trata de la mente intuitiva usando estas siete cartas que reflejan cómo nos sentimos más que simbolizar nuestros pensamientos. Están en sintonía con lo que nuestros corazones necesitan y nuestra búsqueda interminable de la verdad y la fe.

8. Fuerza

9. El Ermitaño

10. Rueda de la fortuna

11. Justicia

12. El ahorcado

13. Muerte

14. Templanza

3. Diseño de tres cartas

Después de tener el hábito de sacar una sola carta y documentar los eventos diarios que se les relacionan, habrá notado un cierto patrón o algunas tendencias que se han anunciado regularmente durante este período de tiempo. Dado que probablemente se haya acostumbrado a dos tercios de los arcanos mayores, así como a los bastos y los oros de los arcanos menores, ahora debería desarrollar una noción de cada carta y su significado y símbolo.

Ahora, es el momento de añadir la segunda parte de los arcanos mayores a la ecuación. Añada a su montón todos los bastos y oros desde el As hasta el Rey. Como en el ejercicio anterior, baraje sus cartas y cree el hábito de sacar, esta vez, tres cartas cada mañana en lugar de una sola. No mire las cartas que saque como individuos, sino como un conjunto. Preste atención a la forma en que se relacionan y cómo están conectadas. ¿Están todas conectadas, o hay una carta que parece sobresalir cada vez? El resto del ejercicio es el mismo que antes, anotar sus eventos diarios y cómo se relacionan con las cartas que saca cada mañana. Puede continuar el hábito de llevar un diario para cada pila que saque y todos los eventos destacados de su día.

* La tercera y última parte: La mente intuitiva (Cartas 15-21)

Ya se ha familiarizado con las cartas que tratan del mundo material y su conexión con lo demás, y ha añadido la segunda parte que se centra en tratar con la mente intuitiva y su ser individual. La última parte que abarca las cartas del 15 hasta la última carta de los Arcanos Mayores le ofrece una ventana para entender las leyes y asuntos universales. Esta parte es importante, ya que trata de circunstancias que pueden tener gran importancia en la formación de nuestro presente y futuro.

15. El Diablo

16. La Torre

17. La estrella

18. La Luna

19. El Sol

20. El Juicio

21. El mundo

* El último ejercicio es sacar una pila de cinco cartas de todo el mazo de tarot, incluyendo los arcanos mayores y menores.

4. Registros Akáshicos usando cartas de tarot

A estas alturas, ya habrá formado una conexión con las cartas, las habrá sentido e investigado sus significados más profundos. Ahora puede usarlas para tener un acceso más fácil a sus Registros Akáshicos, para conectarse con su yo superior. Una vez que domine las lecturas del tarot Akáshico, podrá abrirse a la guía y sabiduría que sus Registros Akáshicos tienen para usted. Solo entonces podrá leer más de su futuro.

Conclusión

No es fácil equilibrar cuidadosamente los deseos espirituales y mundanos, especialmente si está en medio de guerras personales que involucran tanto elementos espirituales como materiales. Es fácil ver si alguien vive en armonía y tranquilidad o en la inestabilidad causada por las muchas contradicciones que tiene que aceptar para seguir adelante. El vínculo entre los mundos espiritual y material está en los Registros Akáshicos, que trascienden el tiempo y el espacio, tratando con las vibraciones y la energía. Sus ojos pueden ser capaces de observar cuidadosamente el presente, pero los Registros Akáshicos le permiten ver más allá del presente, en el pasado y el futuro.

El material proporcionado aquí será su munición mientras lucha con los diferentes y contrastantes mundos de su vida. Utilice los Registros Akáshicos para integrar el dominio del mundo espiritual en el material. Puede estar seguro de que la felicidad y la alegría que atraerá serán contagiosas, ya que sentirá no solo su energía sino también la de los demás. La sabiduría que obtendrá al acceder a lo divino le mostrará la verdadera dirección de su alma, que es embarcarse en un viaje de honestidad, verdad y bondad.

Terminar este libro significa que está realmente dedicado a mejorar su alma interior. Nunca pierda este impulso a medida que pasa el tiempo, y asegúrese de invertir siempre en él, atrayendo lo que realmente desea. Despertar su verdadero poder le permitirá usar esta fuerza para curar heridas, abrazarse a sí mismo y ayudar a otros. Notará que otras personas verán el cambio de su energía, incluso si no pueden poner el dedo en la llaga de lo que ha cambiado.

Sus vibraciones llegarán a su punto máximo y trascenderán los niveles bajos, lo que puede sorprenderle. Probablemente no esté acostumbrado a sentir el intenso brillo de su luz interior todavía. Con el paso del tiempo, se encontrará más cómodo en los niveles superiores mientras su cuerpo y alma se adaptan a las vibraciones más altas. Viva su vida como un hijo de lo divino, y nunca cree una grieta entre su alma y cuerpo tratando de ocultar su espiritualidad y las vibraciones más altas.

Los Registros Akáshicos le darán finalmente la oportunidad de renunciar a las duras y restrictivas limitaciones que le han impuesto en un mundo lleno de ilusiones. Los Registros Akáshicos nunca son exclusivos de una parte de nuestra espiritualidad. Al contrario, involucran nuestras vidas pasadas, actuales y futuras como una sola, interconectadas a través de múltiples planos de energía. Una herida fuerte puede ser enterrada lo suficientemente profundo como para abarcar varias vidas. Sanarse a sí mismo a través de los Registros Akáshicos asegura que las heridas espirituales no se curen superficialmente.

Ya que vivimos en un mundo que está hiper enfocado en la supervivencia, es difícil encontrar espacio para poder centrarse en la propia espiritualidad. Por lo tanto, debe usar los métodos mencionados en el libro cuando esté completamente seguro de que será capaz de poner toda su atención en acceder a los Registros Akáshicos. Puede ser difícil acostumbrarse durante las primeras pruebas, pero una vez que vea por sí mismo la efectividad de los Registros Akáshicos, podrá encontrar fácilmente la concentración necesaria.

Ya sea que se trate de una adicción, pérdida, relaciones o fatiga espiritual que esté tratando de curar o arreglar, mírelo directamente a través del acceso a los Registros Akáshicos. Todas las soluciones que encuentre en los Registros son personales y únicas, y esta información no funcionará en los problemas de otra persona, pero aun así puede ayudar a otros a acceder a sus Registros Akáshicos y encontrar sus propias soluciones. Inicialmente podrá sentir temor de la transformación radical que puede ocurrir al usar la información de los Registros Akáshicos, pero no debería tomarle mucho tiempo para regocijarse en la felicidad después de entenderla completamente.

Vea más libros escritos por Mari Silva

Referencias

Germain, M. J. (2019). Opening the Akashic Records: Meet Your Record Keepers and Discover Your Soul's Purpose. Bear & Company.
Howe, L. (2009). How to Read the Akashic Records: Accessing the Archive of the Soul and Its Journey. Sounds True.
Howe, L. (2015). Discover Your Soul's Path Through the Akashic Records. Hay House Inc.
Ortiz, E. (2014). The Akashic Records: Sacred Exploration of Your Soul's Journey Within the Wisdom of the Collective Consciousness. Weiser.
https://www.youtube.com/watch?v=Bvo9YngPrpQ
https://www.divinebalance.eu/wp-content/uploads/2013/12/The-Value-of-an-Akashic-Records-Reading.pdf
https://www.manmeetkumar.com/post/7-awesome-ways-akashic-records-can-transform-your-life
https://intothelight.news/files/2020-03-03-akashic-records.php
https://darkascent.org/blog/2017/02/04/what-are-the-akashic-records-and-how-can-you-learn-to-access-them/
https://missmuslim.nyc/alchemy-astrology-akashic-records-islam/
https://en.wikipedia.org/wiki/Book_of_Life

https://books.google.com.eg/books?id=WvRiDwAAQBAJ&pg=PT26&lpg=PT26&dq=alice+bailey+akashic+records&source=bl&ots=qKDrA0Qdff&sig=ACfU3U2L-s3dEIKZIJuaFWM-RFA5bZS6vQ&hl=en&sa=X&ved=2ahUKEwjh782ZxbbpAhVSz4UKHaHvDo44ChDoATAAegQIBxAB#v=onepage&q=alice%20bailey%20akashic%20records&f=false

http://www.souljourneys.ca/the-5-biggest-myths-about-the-akashic-records/

https://www.cherylmarlene.com/dispelling-myths-and-erroneous-notions-about-the-akashic-records/

https://medium.com/holisticism/what-are-the-akashic-records-ede3bee05673

Howe, L. (2009). How to Read the Akashic Records: Accessing the Archive of the Soul and Its Journey. Sounds True.

Taylor, S. A. (2018). The Akashic Records Made Easy: Unlock the Infinite Power, Wisdom, and Energy of the Universe. Hay House UK.

https://en.wikipedia.org/wiki/Theosophy#Personal_development_and_reincarnation

https://www.edgarcayce.org/the-readings/akashic-records/

https://michellebeltran.com/exploring-past-lives-akashic-records/

https://www.soulmastery.net/connect/akashic-record-past-life-readings/

https://medium.com/holisticism/what-are-the-akashic-records-ede3bee05673

https://drlesleyphillips.com/past-lives/past-life-regression/

https://www.amazon.com/Radical-Approach-Akashic-Records-Vibration-ebook/dp/B07G681W74

https://www.healyourlife.com/how-to-find-your-purpose-in-the-akashic-records

https://www.akashicrecordsinstitute.com/unlocking-the-hidden-healing-aspect-of-the-akashic-records/

https://www.soulandspiritmagazine.com/10-ways-the-akashic-records-can-heal-your-life/

Howe, L. (2009). *How to Read the Akashic Records: Accessing the Archive of the Soul and Its Journey*. Sounds True. https://akashicknowing.com/wp-content/uploads/25-Akashic-Healing-Prayers-To-Transform-Your-Life-ebook.pdf